Esplendor de la civilización Maya

Por la Superación del Ser Humano y sus Instituciones

Cecilia Cortina Campero
Alfonso Miranda Márquez

Esplendor de la civilización Maya

PANORAMA EDITORIAL

ESPLENDOR DE LA CIVILIZACION MAYA

Ilustraciones: Jorge Peral

Primera edición: 2007
© Panorama Editorial, S.A. de C.V.
Manuel Ma. Contreras 45-B
Col. San Rafael 06470 - México, D.F.

Tels.: 55-35-93-48 • 55-92-20-19
Fax: 55-35-92-02 • 55-35-12-17
e-mail: panorama@iserve.net.mx
http://www.panoramaed.com.mx

Printed in Mexico
Impreso en México
ISBN 968-38-1646-0

Índice

1

El mundo maya

El esplendor de la cultura maya se hace visible en un conjunto de tesoros sorprendentes que estuvieron ocultos entre árboles y cubiertos por maleza por siglos. Estos vestigios soportaron el paso de las centurias, el calor, la humedad y el abandono y, aún así, lograron sobrevivir altos edificios, escalones estrechos, muros de encaje geométrico, piedras labradas, cerámica, pintura... Lentamente, con gran esfuerzo, se ha avanzado en comprenderlos; es mucho lo que nos pueden enseñar.

Es un legado invaluable, pues es la forma en que podemos conocer las culturas antiguas a partir de su arte. Por eso se ocupan de él arqueólogos, historiadores, epigrafistas, antropólogos, iconógrafos, restauradores, paleógrafos y muchos otros especialistas. Ellos estudian el tamaño, materiales, decorado y localización de edificios y objetos; analizan la representación de imágenes; buscan entender inscripciones labradas o pintadas... Su trabajo es siempre dinámico y un nuevo descubrimiento puede desechar conceptos que antes eran aceptados.

Mesoamérica

Para comprender el desarrollo maya es indispensable entender que forma parte de un entorno mayor, que comprende parte de las actuales República Mexicana y Centroamérica. Este territorio fue bautizado en 1943 como "Mesoamérica" —la Media América— por el equipo del antropólogo alemán Paul Kirchoff, maestro fundador de la Escuela Nacional de Antropología e Historia de México (ENAH).

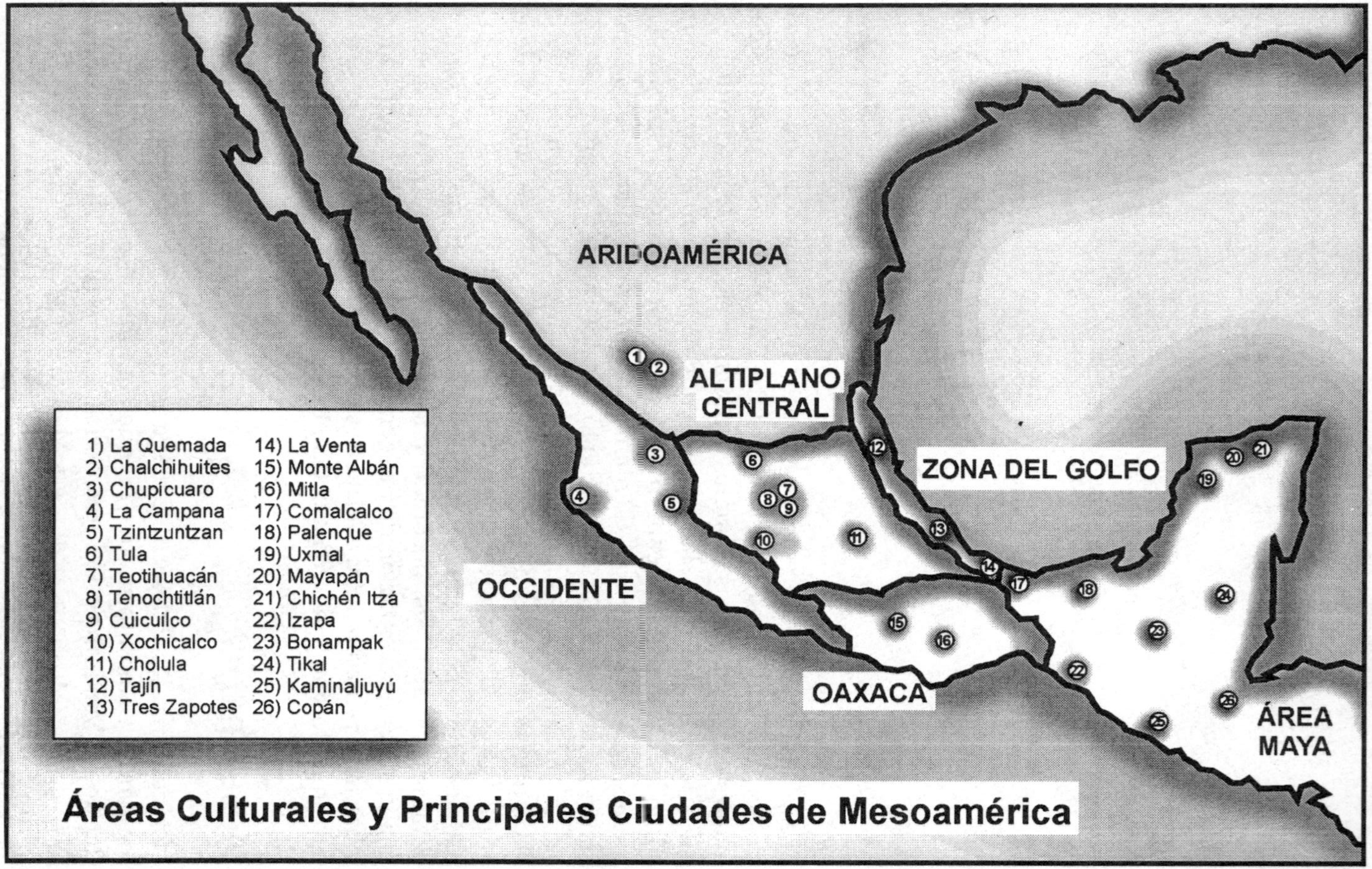

Áreas Culturales y Principales Ciudades de Mesoamérica

En Mesoamérica habitaron una gran cantidad de grupos que se diferenciaron por lenguas y usos propios, de modo que posteriormente se le dividió en cinco subáreas:

1. La zona del Golfo, en Veracruz y Tabasco.
2. La zona de Oaxaca, que comprende la mayor parte de ese estado.
3. El occidente, en Guerrero, Michoacán, Jalisco, Colima, Nayarit y partes de Sinaloa y Zacatecas.
4. El altiplano central, que incluye el Distrito Federal, el Estado de México, Hidalgo, Tlaxcala, Morelos, Querétaro y parte de Puebla.
5. La zona maya que se extiende por cinco países: Belice, Guatemala, Honduras, El Salvador y en México, en los estados de Campeche, Quintana Roo, Yucatán y porciones de Chiapas y Tabasco.

Adicionalmente, el desarrollo de los pueblos mesoamericanos abarca un tiempo muy largo y se pueden apreciar diferentes etapas de desarrollo en todas las áreas. Por eso se han trazado tres grandes periodos u horizontes: el Preclásico (2300-1 a.C.), el Clásico (1-900 d.C.) y el Posclásico (900-).

La razón para considerar a Mesoamérica como una gran área de estudio es que abundan las coincidencias culturales entre las distintas regiones. Los pueblos que la habitaron fueron agrícolas, aunque también conocieron la caza, la pesca y la cría de animales. En todos los casos, se asentaron cerca de ríos u otras fuentes de agua, desarrollaron sistemas para el control de la humedad de los suelos y usaron la coa —un palo o bastón plantador de punta aguzada, con el que se agujerea el suelo para depositar la semilla. También, a lo largo de todo el territorio, el maíz fue la base de la alimentación y ocupó un papel protagónico en los mitos de la creación. En cuanto a herramientas, se manejaron básicamente materiales pétreos, pues aunque se llegó a conocer la fundición y aleación de metales, ésta se empleó mayormente en objetos de joyería devocional.

En general, los pueblos mesoamericanos concibieron al mundo como un gran cuadrado con cinco puntos cardinales: este, sur, oeste, norte y centro. Entre ellos, el primero fue el más importante, puesto que es donde nace el sol, y el último servía a la vez como una referencia geográfica y personal. Se pensaba que sobre él existía un "Supramundo" compuesto por varias capas en las que vivían dioses relacionados con las fuerzas de la naturaleza; aunque, a diferencia del cielo cristiano, no era un lugar de premio. Por debajo del espacio humano estaban los estratos del "Inframundo", también habitación divina y lugar de descanso para los muertos, pero de ninguna manera un castigo.

Se consideraba que todo había sido creado por un dios que era padre y madre a la vez. Es importante destacar que la existencia de un único creador no supone monoteísmo, pues existió una multitud de deidades que ostentaban simultáneamente atributos positivos y negativos e influían favorable o desfavorablemente en la vida de los hombres, sus familias y comunidades. Por ejemplo, el dios de las aguas era responsable tanto de la lluvia y las buenas cosechas como del granizo, la sequía y la inundación. Esta idea de dualidad es fundamental para entender el desarrollo mesoamericano, ya que se traducía en un estándar moral que solamente consideraba las consecuencias de los actos.

Con base en estos conceptos, las sociedades prehispánicas —incluidas, por supuesto, las mayas— se fueron haciendo cada vez más complejas, con sacerdotes que no siempre se encargaron del gobierno, pero que necesariamente estuvieron relacionados con los grupos de poder. Al paso del tiempo, se constituyeron diferentes ciudades-estado, que guerrearon entre ellas y algunas se convirtieron en grandes capitales que controlaron áreas muy lejanas entre sí y cobraban tributo, tanto para los hombres como para los dioses. Los vestigios de estas urbes dan testimonio de la impresionante habilidad de aquellos antiguos pueblos, en muestras de arquitectura monumental entre las que destacan los basamentos irregulares escalonados, que equivocadamente se suelen llamar "pirámides", ya que no ostentan esa forma geométrica.

Los pueblos mesoamericanos compartieron, además, un importante culto al sol, complicados sistemas de cuenta del tiempo y prácticas rituales, como el Juego de Pelota, que requieren derramamiento de sangre.

Antecedentes olmecas y teotihuacanos

Durante mucho tiempo se pensó que la cultura madre de Mesoamérica era la maya, pero a mediados del siglo XX se reconoció la existencia de un grupo más antiguo, que se desarrolló en el norte de Tabasco y el sur de Veracruz, aproximadamente entre el 1000 a.C. y los primeros años de nuestra era.

Es mucho lo que desconocemos sobre esta cultura, incluso su nombre original. Se le denomina como "olmeca arqueológica", término que

Al igual que los olmecas, los mayas también adoptaron al jaguar como un símbolo relacionado con el poder, y se le representó en múltiples ocasiones, como en este extraordinario dintel No. 26 de Yaxchilán, Chiapas, donde el gobernante escudo jaguar recibe de su esposa una cabeza del felino.

deriva del náhuatl *olmécatl uixtotin*: "gente del país del hule" o "los que viven al borde del agua salada". La arqueología ha demostrado que emprendieron la construcción de centros ceremoniales y desarrollaron formas artísticas propias. También, que el jaguar tuvo gran importancia en su sistema religioso y su imagen estuvo íntimamente asociada al poder.

Estos conceptos se transmitieron a una gran parte del territorio mesoamericano y en regiones tan apartadas de su área nuclear como Puebla, México; Guerrero, México, y Costa Rica, han aparecido objetos originales olmecas y otros en un estilo muy similar, pero fabricados *in situ*, a los que normalmente se llama "olmecoides". Adicionalmente, en algunos monumentos olmecas, como la Estela C de Tres Zapotes, Veracruz, se encuentran inscripciones con evidencia de escritura, así como numéricas y cronológicas; éstas últimas están divididas en cinco partes y resultan consistentes con el sistema calendárico maya.

Por otra parte, entre los siglos I y VII d.C llegó a su apogeo la ciudad del altiplano central que los mexicas llamaron Teotihuacán. En ella aparecen los primeros edificios rematados por un recinto sagrado, con base cuadrangular, cuerpo escalonado y escaleras al frente. Se construyeron con un sistema llamado "tablero-talud", que consiste en enormes bloques verticales rematados por muros en pendiente.

Todo en Teotihuacán evidencia una sociedad teocrática, pues se usaron con profusión símbolos evidentemente religiosos como la ser-

En esta urna, que procede de Izapa, Chiapas, se aprecian los atributos del dios teotihuacano de las aguas; además, en su tocado se pueden ver tres bandas horizontales, que simbolizan los niveles del cosmos.

piente emplumada y un dios de grandes ojos redondos, con anteojeras y labios gruesos —al que equivocadamente llamamos *Tláloc*, pues ese término es náhuatl—, y éstos aparecen con ligeras diferencias en la zona maya y otras regiones mesoamericanas. Adicionalmente, en el arte teotihuacano se pueden apreciar formas de vestido y armamento propios, que fueron incorporados en diversas expresiones artísticas mayas.

Es decir, la evidencia muestra que no se puede considerar a los mayas como los inventores de algunos de sus rasgos más característicos: los centros ceremoniales, las estelas labradas, la escritura y la anotación de fechas. Pero también comprueba que llevaron esos conceptos hasta niveles extraordinarios.

El entorno maya

Se suele pensar que los mayas fueron un pueblo homogéneo, similar al mexica, que se desarrolló en el altiplano central. Sin embargo, la arqueología muestra grupos bien diferenciados a los que se da el nombre común "maya", porque compartieron muchos rasgos culturales y se comunicaron con lenguajes derivados de una misma familia lingüística, llamada "mayense". El más conocido es el que se habló en Yucatán durante el siglo XVI, pues los primeros misioneros franciscanos que llegaron a la región elaboraron diccionarios y gramáticas. Ya que éste se distingue poco del actual maya yucateco (vigente en aquel estado, Campeche, Quintana Roo y secciones de Belice y Guatemala), se ha concluido que otras lenguas mayas del periodo Clásico debieron ser afines a las que actualmente utilizan diversos grupos indígenas del área. Entre muchos otros: chontal, Tabasco; chol, tzeltal, tzotzil, lacandón, Chiapas; quiché, cakchiquel, mame, Guatemala; chortí, partes de Honduras y El Salvador, etc.

Para facilitar el estudio del desarrollo maya, se le ha dividido en periodos temporales que se insertan en la cronología mesoamericana de la siguiente manera:

- Preclásico 2300 a. C.-1 d.C: primeros asentamientos, cultura de aldeas y arquitectura incipiente.
- Protoclásico 1-250 d.C: comienzan la arquitectura monumental y las cuentas calendáricas.
- Clásico Temprano 250-400: establecimiento de ciudades-estado.

- Clásico Medio 400-700: influencia teotihuacana; se inicia el florecimiento en los centros de las Tierras Bajas.
- Clásico Tardío 700-800/900: las Tierras Bajas llegan a su apogeo, proliferan la arquitectura y el labrado de estelas con fechas; finaliza con el abandono de centros ceremoniales. Algunos autores afirman que el final de esta etapa y principio de la siguiente (800/900-1100) constituye un periodo independiente, de transición, llamado Epiclásico.
- Posclásico Temprano 900-1250: migraciones, influencia del altiplano central y predominio de las ciudades del norte de la península de Yucatán.
- Protohistórico o Posclásico Tardío 1250-1524: se caracteriza por la disgregación; hay documentos escritos y aparecen los europeos.

El ambiente físico

Los pueblos mayas ocuparon un territorio sumamente vasto, más de 350,000 kilómetros cuadrados, con características geográficas y climatológicas diferentes. Se extiende casi del Istmo de Tehuantepec al lago Yagohoa, en Honduras, si bien no se ha llegado a un acuerdo sobre el límite centroamericano y muchos especialistas consideran que llega hasta Nicoya, en Costa Rica. Para facilitar su estudio, se ha dividido a la zona maya en tres subáreas: Sur, Central y Norte, y se diferencian las Tierras Altas y las Bajas.

La zona Sur está en Chiapas, Guatemala y El Salvador. Incluye una sección de Tierras Bajas que da hacia el Pacífico, pero la mayor parte del territorio es de Tierras Altas, en la Sierra Madre de Chiapas y los Andes Centroamericanos. Presenta volcanes activos, cuencas lacustres, bosques de hoja perenne, una estación de lluvias bien definida y clima extremoso.

La zona Central está formada por Tierras Bajas, aunque con varios montes, y tiene salidas al Golfo de México y al Caribe. La vegetación es tipo sabana o llanura y hay una amplia región selvática, que crece en una delgada capa de tierra sobre piedra calcárea y sílex. En ella se encuentran varios ríos y lagos; las lluvias son abundantes y el clima es caliente. Abarca Belice y partes de Guatemala, Honduras, Tabasco, Chiapas, Campeche y Quintana Roo.

Por lo que respecta a la zona Norte, ésta incluye la mayor parte de la península de Yucatán, en los estados de Campeche, Quintana Roo y Yucatán. Es un conjunto de planchas de piedra caliza apenas cubiertas

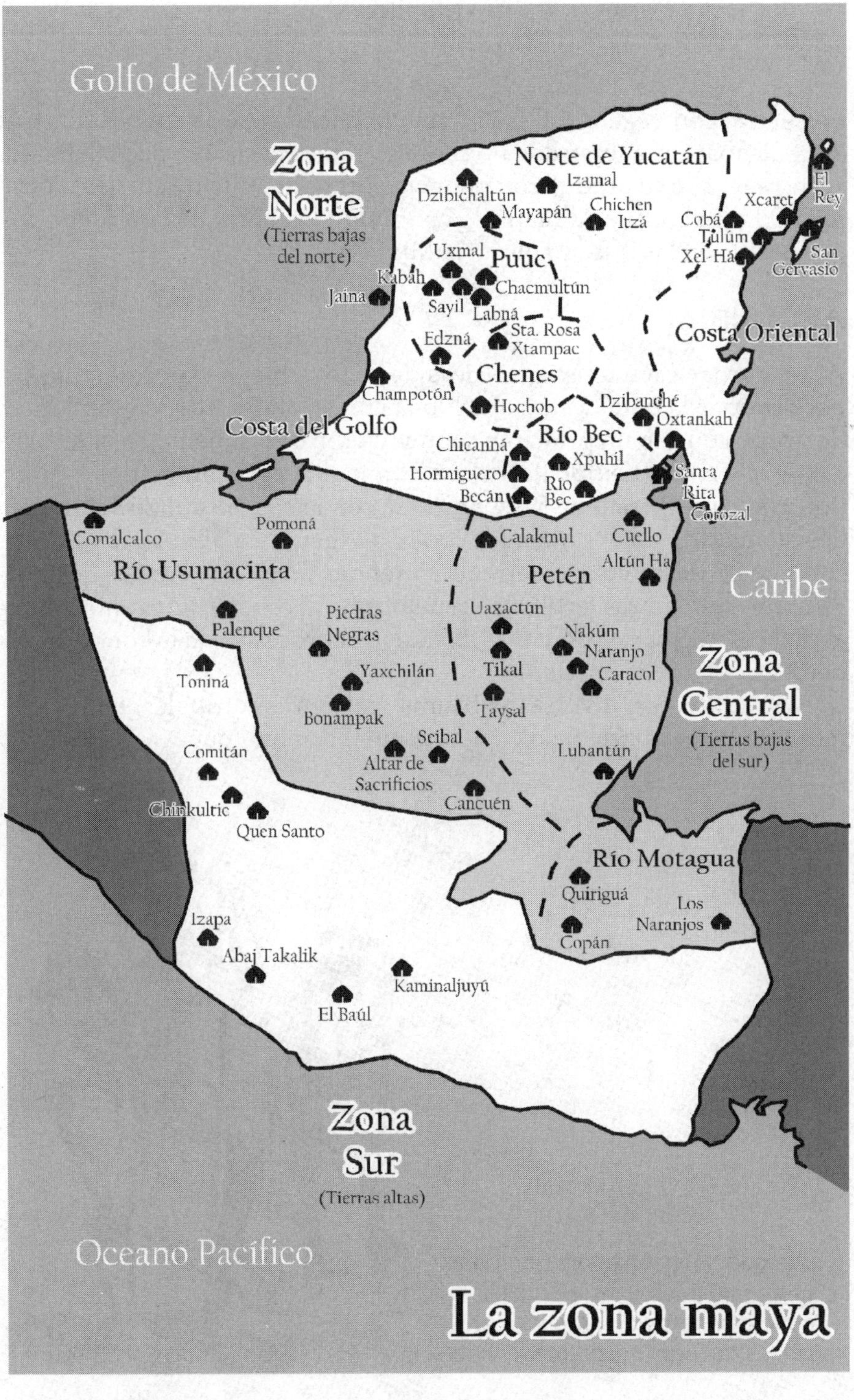

Golfo de México
Zona Norte
(Tierras bajas del norte)
Norte de Yucatán
Izamal
Dzibichaltún
Mayapán
Chichen Itzá
Cobá
Xcaret
El Rey
Tulúm
Xel-Há
San Gervasio
Uxmal
Puuc
Kabah
Jaina
Chacmultún
Sayil
Labná
Edzná
Sta. Rosa Xtampac
Costa Oriental
Chenes
Champotón
Hochob
Dzibanché
Oxtankah
Costa del Golfo
Río Bec
Chicanná
Xpuhil
Hormiguero
Río Bec
Becán
Santa Rita
Corozal
Comalcalco
Pomoná
Calakmul
Cuello
Río Usumacinta
Petén
Altún Ha
Caribe
Uaxactún
Palenque
Piedras Negras
Nakúm
Naranjo
Caracol
Toniná
Yaxchilán
Tikal
Taysal
Bonampak
Zona Central
(Tierras bajas del sur)
Comitán
Seibal
Altar de Sacrificios
Lubantún
Cancuén
Chinkultic
Quen Santo
Río Motagua
Quiriguá
Los Naranjos
Izapa
Copán
Abaj Takalik
Kaminaljuyú
El Baúl
Zona Sur
(Tierras altas)
Oceano Pacífico

La zona maya

por tierra, con vegetación baja y una pequeña área de colinas. El agua corre de manera subterránea y aflora en una especie de pozos llamados "cenotes", que se produjeron por el desprendimiento de cuevas u otras fallas. También hay "aguadas", concavidades naturales de fondo impermeable en las que se colecta la lluvia.

Agricultura

Al revisar las características físicas de la zona maya, parecería que son poco propicias para la siembra. No obstante, ahí se fueron estableciendo grupos que en un principio sobrevivieron básicamente de la recolección y que con el tiempo llegaron a dominar la agricultura, que se practicó, como en el resto de Mesoamérica, con la coa. Se utilizó sobre todo el sistema de "roza y quema", todavía vigente en algunos sitios, que consiste en desmontar el terreno y prender fuego a los restos antes de sembrar. Las cenizas fertilizan el suelo, pero al cabo de unos años éste se agota y es necesario comenzar de nuevo el proceso; con la consiguiente pérdida del medio ambiente.

Se cultivaron diversas verduras, hortalizas y frutales, entre otras maíz, chile, calabaza, frijol, yuca, jícama, camote, papaya, aguacate y

La coa o bastón plantador fue el instrumento básico de la agricultura y lo compartieron prácticamente todas las culturas mesoamericanas.

palo ramón o "árbol del pan". Destacan el algodón y el cacao, ya que se exportaron intensivamente al resto de Mesoamérica; con el primero se fabricaron textiles y el segundo sirvió como moneda y se usó en la preparación de bebidas rituales exclusivas para las elites. También se practicó la caza de venado, tapir, tortuga, iguana y otros; además de la pesca y la cría de animales, como guajolotes.

Cosmovisión

Desde luego, ningún alimento tuvo la importancia del maíz. Ciertamente fue la base nutritiva y se preparaba en muchas formas, algunas de las cuales todavía se usan; por ejemplo tamales, atoles y pozol (bebida de masa fermentada y agua). Pero fue mucho más importante que se le vinculara a la concepción sobre el origen del mundo y del hombre; así está representado en cerámica decorada, piedras labradas y manuscritos.

Únicamente han llegado a nuestros días unos cuantos documentos originales mayas, lo que dificulta enormemente el estudio de esta cultura. El antropólogo francés Jacques Soustelle, lo expresó con gran claridad cuando escribió: *"El contenido de estos libros es muy limitado. ¿Qué sabrían los futuros arqueólogos de nuestra civilización si para informarse sobre nosotros no tuvieran sino un almanaque, un misal y la clave de los sueños?"*

Por otra parte, existen algunos escritos españoles que también resultan útiles. Es el caso de la *Relación de las cosas de Yucatán*, de fray Diego de Landa, el primer obispo de la zona. Incluye datos históricos y descripciones de ceremonias y costumbres yucatecas de principios del siglo XVI. Cabe destacar que este libro es bibliografía fundamental para el estudioso de lo maya.

Por otra parte, han llegado a nuestros días algunos textos mayas posteriores a la Conquista; la mayoría fueron escritos en lengua vernácula con caracteres latinos y un lenguaje tan complicado, que se le ha llegado a calificar como "esotérico", tal vez para dificultar la comprensión a los no iniciados. Se deben leer con precaución, pues están influenciados en mayor o menor medida por el pensamiento cristiano.

Por ejemplo, los diversos libros llamados "del *Chilam Balam*" recogen parte de los presagios, tradiciones, mitos y otros secretos antiguos de la península de Yucatán. El vocablo *Balam* se refiere al jaguar, mientras que *Chilam* se puede traducir como adivino: significa "el que está acostado y ve lo oculto", e indica el rango sacerdotal de los diversos autores. Existen unos veinte de estos libros, aunque se duda de la au-

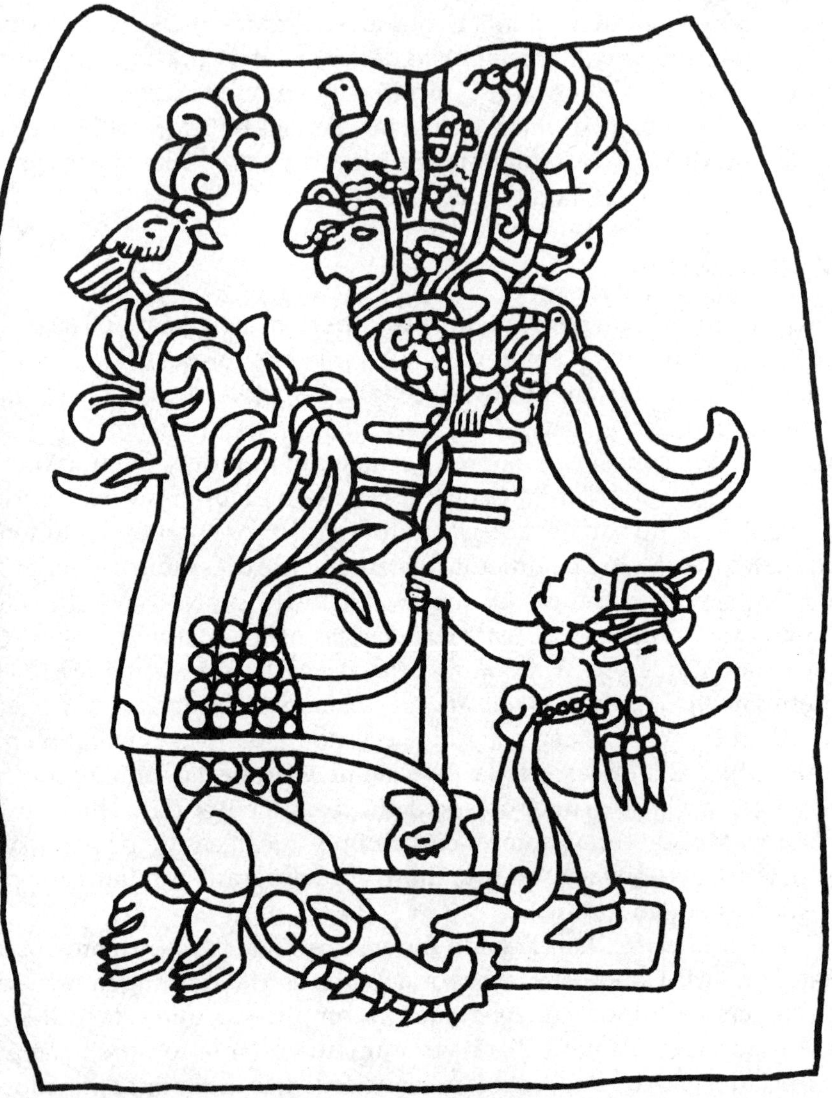

Esta estela, la número 25 de Izapa, Chiapas, constituye hasta la fecha la representación más antigua relacionada con el mito de la creación de la tierra que relata el *Popol Vuh*, el más antiguo libro que se conoce sobre los mayas tenticidad de algunos; además, no constituyen una serie, ni corresponden a un mismo lugar o tiempo: al parecer el más antiguo es el de Chumayel (1782) y el más reciente el de Nah (1857).

Destaca el *Popol Vuh* o libro sagrado quiché, que encontrara el padre Francisco Ximénez en Chichicastenango, Guatemala, a principios del siglo XVIII. Relata, entre otros temas, las aventuras de dos gemelos divinos llamados *Hunapú* y *Xbalanqué,* quienes descendieron a *Xibalbá* —el Inframundo—, vencieron a los señores de la muerte y ayudaron a la formación del sol, la luna y las estrellas. La representación más antigua de estos personajes, encontrada hasta hoy, es la estela 25 de Izapa, Chiapas, un sitio considerado protomaya, en la que aparece *Hunapú* con el brazo izquierdo arrancado por *Vukub-Cakix,* "siete guacamaya".

También en el *Popol Vuh,* se narra la creación del hombre por una deidad dual, cuyos múltiples nombres se relacionan con sus diferentes atributos. "*Nuestro abuelo y nuestra abuela*" dieron forma a las montañas, separaron las aguas y poblaron la tierra de plantas y animales. Habían dotado a las bestias de voces, pero éstas no pudieron responder cuando les ordenaron: "*Decid, pues, nuestro nombre, honradnos, nosotros vuestra madre, nosotros vuestro padre*".

Decidieron, entonces, crear a los hombres. Primero formaron figuras con barro, que no pudieron moverse adecuadamente y se deshicieron en el agua. Más tarde usaron madera, pero a aquellos maniquíes les faltaron cerebro y corazón, olvidaron el nombre de sus creadores y fueron destruidos. Entonces "*El Creador y El Formador*" hicieron a los hombres verdaderos con "*sólo maíz amarillo y maíz blanco su carne*". Este relato es consistente con la idea de ciclos de creación y destrucción que compartieron muchos pueblos mesoamericanos; para los mayas, sucedieron cada 5,200 años: 13 periodos de 400 años.

Además, la cosmología maya concibe el universo de una manera muy similar al resto de Mesoamérica. Plantea un gran cuadrado que flota sobre agua y se describe como un cocodrilo o una tortuga marina. En las esquinas estaban los cuatro *chaques,* deidades del agua, y los cuatro *bakabs,* especie de atlantes que sostenían el cielo con la ayuda de árboles. Sobre el mundo había un Supramundo con 13 estratos, cada uno a cargo de una deidad diferente, y por debajo, los nueve niveles del Inframundo, encomendados a los "nueve señores de la noche".

Cabe mencionar que en la zona maya los puntos cardinales se representaron por medio de un árbol y un color emblemáticos. El este era rojo (sol naciente y guerra); el sur, amarillo (trabajo); el norte, blanco

En muchas manifestaciones artísticas mayas, como en la estela 5 de Izapa, la figura central es la ceiba, el árbol sagrado que conecta los tres niveles del cosmos.

(paz); el oeste, negro (muerte), y el centro, verde (el nuevo ciclo). Los árboles pueden ser de diferentes tipos, excepto el del centro que invariablemente es una ceiba, el árbol sagrado por excelencia, que conecta los tres niveles del cosmos: "*Se levantó la Gran Madre Ceiba, en medio de la destrucción de la tierra. Se asentó derecha y alzó su copa pidiendo hojas eternas. Y con sus ramas y sus raíces llamaba a su señor*" dice el Chilam Balam de Chumayel.

Como en el resto de Mesoamérica, en la zona maya las cuevas y montañas se consideraron lugares sagrados. Sin embargo, hasta hace poco se pensaba que los mayas no habían dado a las cuevas la misma importancia que otros pueblos mesoamericanos. Por ejemplo, el arqueólogo alemán Eduard Seler (1849-1922), consideró que las de Quen Santo, Guatemala, únicamente se habían usado para resguardar esculturas y otros objetos en los tiempos del abandono del área. Por fortuna, las profundidades mayas se han estudiado más intensivamente a partir los años 1980. En Loltún, Yucatán, en el corazón de la zona Puuc, se han encontrado petroglifos, pinturas y artefactos que corresponden tanto al Preclásico, como al Clásico y el Posclásico. Así, se han obtenido datos que permiten concluir que fueron importantes lugares de culto.

Organización

La falta de bibliografía de primera mano hace difícil tratar de explicar la forma de vida y los sistemas de organización mayas, sobre todo en el Preclásico. Sin embargo, el trabajo de arqueólogos y otros especialistas ha logrado discernir algunos aspectos.

Durante el Clásico, cada ciudad constituyó un estado separado; aunque en algunos casos se pueden apreciar alianzas y en otros sumisión. Es importante aclarar que por mucho tiempo se consideró a los pueblos mayas como eminentemente pacíficos, con base en la falta de instalaciones defensivas, como murallas. No obstante, para la segunda mitad del siglo XX se descubrieron nuevos restos arqueológicos, en especial los murales de Bonampak, que demuestran que la guerra era frecuente y se solía decapitar a los vencidos de alto rango.

Además, durante el periodo de excavaciones 1993-1994, el equipo de investigadores encabezado por Enrique Nalda —director del Proyecto Arqueológico Sur de Quintana Roo del Instituto Nacional de Antropología e Historia— encontraron unos bloques de piedra con inscripciones y grabados que se han comenzado a descifrar y enfatizan su belicosidad. Hombres semidesnudos, postrados en estado de humillación extrema relatan el momento previo al sacrificio en los altares; se les ha llamado "cautivos de Dzibanché", y no sólo narran la historia de los guerreros vencidos, sino la de la dinastía *Kaan*. Con una antigüedad de 1500 años, esta escritura es considerada el testimonio más antiguo que refuerza la hipótesis de que era una sociedad que estaba íntimamente vinculada con la guerra y, sobre todo, con la victoria.

Muchos testimonios prueban que la guerra fue constante en el área maya, como esta bella figurilla de la isla de Jaina, Campeche, que representa a un hombre con atributos guerreros: armadura de algodón semejando plumas y escudo entre otros.

Es claro que la sociedad estuvo fuertemente jerarquizada, con el poder centrado en un soberano, quien con seguridad tuvo el control militar y por lo menos ciertas funciones religiosas —ya que algunos fueron enterrados con insignias sacerdotales. En términos generales, se dió gran importancia a los linajes y, a pesar de que se considera que la monogamia fue la práctica general, los personajes de la nobleza tenían varias esposas; entre otras causas, por motivos políticos, como alianzas con otras ciudades. Tanto el linaje patrilineal como el matrilineal se tomaban en cuenta, pero todo indica que en la línea de descendencia fue más importante el primero. No obstante, al parecer durante el Preclásico —como en todas las culturas más antiguas— influyó más el lazo materno.

Gracias al testimonio de fray Diego de Landa conocemos que para el Posclásico el poder político y el económico se centraron en el *Halach Uinic*, "el hombre verdadero". Bajo él estaban diversos funcionarios de alto nivel, emanados de los *almehen-ob*, la nobleza. En primer sitio apa-

Las figurillas de Jaina nos ayudan a comprender la estratificación de la sociedad maya, como esta delicada pieza, en la que destacan los emblemas que legitiman el linaje de un gobernante: tocado de plumas de quetzal, escoraciones en la cara, pectoral y orejeras, así como la posición misma del personaje, que está sentado con majestad.

recían los *batab*, una especie de vicegobernadores, con atribuciones administrativas, judiciales y militares, y en segundo los *nacom*, o jefes militares. En contraparte, estaba la gente del pueblo: agricultores, artesanos, etc. y, por último, los *ppentacoob*, los esclavos.

El comercio fue sumamente importante y varios sitios mayas sirvieron como almacenes y centros de intercambio. Se negociaba con muchas mercancías, incluso algunas que provenían de territorios tan lejanos como Panamá y Honduras. Éstas llegaban a la zona en caravanas que recorrían los caminos, llamados *sacbé* o *sacbeob*, o por rutas costeras y fluviales, en canoas de un solo tronco. Al menos durante el Posclásico, se acostumbró pintar los árboles con pigmentos fluorescentes, que se obtenían de peces y de plantas, para guiar a las embarcaciones. Durante esa última etapa, Tulúm fue uno de los puertos más importantes.

Al parecer, en el ámbito local la actividad comercial se debe haber practicado más bien de puerta en puerta, en tiendas y en ferias, ya que

En muchos entierros se han encontrado máscaras funerarias como ésta que procede de Tikal, Guatemala; con la boca entreabierta y una pieza, generalmente de jade, dentro de ella; ésta se colocaba con la intención de facilitar la salida de la energía vital del cuerpo hacia el mundo de los dioses, para que así se completara el ciclo de la vida.

en las ciudades mayas se encuentran relativamente pocos espacios dedicados a mercados. Cabe mencionar que los *ppolom* (comerciantes) destacaban dentro de la sociedad, pero no eran considerados nobles ni podían participar en las decisiones de la comunidad.

Por otra parte, muchas prácticas mayas evidentes en las muestras artísticas vivieron vigentes hasta la llegada de los españoles. Fray Diego de Landa, por ejemplo, relata que en el siglo XVI los mayas se decoraban con pintura corporal y escoriaciones sobre cara, piernas, brazos y torso, y estos símbolos de estatus están presentes en cerámica, escultura y murales.

También, ese obispo comenta que se acostumbraba enterrar a los muertos bajo el piso de las casas o detrás de ellas, con masa cocida de maíz y piedras dentro de la boca, y parece posible que éstas hayan tenido la misma finalidad que las piezas de jade, u otro material precioso, que se han encontrado en máscaras funerarias de gobernantes del Clásico.

De hecho, el hallazgo de tumbas permite deducir muchos datos sobre los modos de vida de las culturas antiguas. En los entierros mayas es frecuente hallar ofrendas, cuya riqueza dependía del estatus del muerto. En muchos se encuentra cerámica, frecuentemente con restos de alimentos, lo que nos da una idea de hábitos alimenticios y datos sobre comercio y agricultura; los más ricos incluyen piezas de jade bellamente labradas, en forma de collares, pectorales, etc. Sobresalen las máscaras, ya sea en miniatura o de tamaño natural. Fue frecuente que se cubrieran los restos de miembros de la elite con cinabrio, pues su color rojo se relaciona con el este, lugar de salida del sol.

Adicionalmente, las tumbas suelen tener una orientación definida hacia los puntos cardinales, aunque el criterio varía en cada ciudad. En muchos casos se sacrificó a individuos de diferente edad y sexo, a los que se sepultó junto a personajes destacados, probablemente con la idea de que lo asistieran en su viaje por el Inframundo. Por último, es muy frecuente encontrar una especie de conexión entre el entierro y el exterior, algunas veces por medio de conductos bloqueados intencionalmente y otras por platos que cubren la cabeza e incluyen una perforación que permitiría el tránsito de lo que actualmente llamamos "espíritu".

Religión

En la representación de imágenes queda claro que, a lo largo de toda la historia maya, la vida particular y colectiva giró en torno a la religión, y que el grupo sacerdotal ocupó un sitio de gran importancia. Había sacerdotes especializados en lectura y elaboración de códices, adivinación, profecía, curación, calendario, etc, encabezados por un sacerdote supremo que en Yucatán, durante la última etapa, se llamó *Ahuacan*, "Señor Serpiente". También sabemos que se consultaba con sacerdotes astrónomos sobre el nombre y destino de los niños.

Por supuesto, el grupo sacerdotal estaba a cargo de las ceremonias, que se celebraban a lo largo de todo el año, según las especificaciones del mes. Cabe destacar que si bien la evidencia arqueológica muestra que se practicaron sacrificios humanos, al parecer durante el periodo Clásico fueron menos frecuentes que en el Posclásico. Hay certidumbre de la muerte ritual de animales y ofrendas de cacao, maíz, tabaco, agua y una especie de incienso, que creaba una atmósfera propicia para la comunicación con los dioses. También consta el consumo ceremonial de bebidas fermentadas, abstinencia sexual y autosacrificios con derramamiento de sangre —perforación de diversas partes del cuerpo: lengua, nariz, orejas, pantorrillas, genitales, etc.

Por otra parte, la representación de personajes con la cabeza plana es sumamente frecuente y evidencia la deformación craneal por medio de tablillas atadas a las cabezas de los infantes. Este hecho necesariamente nos lleva a pensar que la cabeza alargada se consideraba como

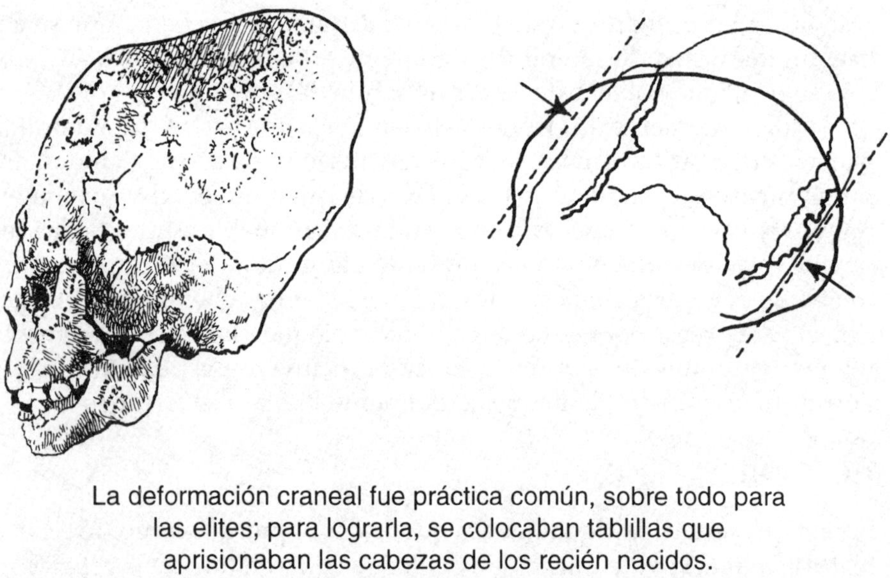

La deformación craneal fue práctica común, sobre todo para las elites; para lograrla, se colocaban tablillas que aprisionaban las cabezas de los recién nacidos.

un estándar de belleza y un símbolo de estatus. También se acostumbraba la perforación e incrustación dental.

Respecto al Juego de Pelota, un indicador de su importancia está en el *Popol Vuh,* que hace énfasis en la extraordinaria habilidad de los gemelos divinos para practicarlo. Existen varias interpretaciones para esta ceremonia, las más aceptadas la ligan a la fertilidad y a conceptos astronómicos. Probablemente la pelota simbolizaba el movimiento de

El juego de pelota fue una práctica ritual mesoamericana muy importante dentro del área maya; en este disco de Chinkultic, Chiapas, aparece un hombre ataviado como guerrero-jugador, golpeando con la cadera la esfera que simbolizaba al sol.

los astros, mientras la cancha podría haber sido una metáfora del acceso al Inframundo y el conducto del nacimiento del sol. Los jugadores eran guerreros destacados, que solamente podían tocar la pelota con hombros, brazos, cadera y pantorrillas, y quienes ganaban morían sacrificados.

Todo indica que durante el Preclásico, las deidades principales fueron el sol, el agua y el maíz, aunque también se pueden encontrar frecuentes representaciones de serpientes, jaguares y águilas. Con el paso de los siglos, esta religión sencilla se fue haciendo cada vez más elaborada y se agregaron, por ejemplo, deidades asociadas a Venus, a la luna y al calendario. Destacan los nueve señores de la noche, habitantes del Inframundo, y los 13 señores del día, quienes vivían en el Supramundo y dieron nombre a los 13 días del calendario ritual.

Por lo menos para el Posclásico, hubo divinidades protectoras de prácticamente todas las actividades humanas, algunas importadas de otras regiones de Mesoamérica. En la actualidad, normalmente se usan voces yucatecas para designar a los dioses mayas, aunque seguramente recibieron distintos nombres, según la región. Algunos de los principales son:

- *Chaac*, símbolo del agua viva, dios de las aguas, de la fertilidad y la agricultura; su nariguera era similar a una trompa y ostentaba filosos colmillos, lengua bífida y anteojeras.
- *Itzamná*, el señor de los cielos, la noche y el día, también se le atribuye la invención de la escritura; generalmente aparece como un anciano encorvado y desdentado, algunas veces con barba y bastón, símbolos de poder y sabiduría.
- *Kinich Ahau*, el sol, está relacionado con *Itzamná* y se le representa por medio de un disco, o bien con anteojeras, boquera y dientes limados.
- *Ixchel*, la esposa de *Itzamná* y, para varios investigadores, diosa de la luna; estaba a cargo de la fertilidad humana, el tejido y las inundaciones; se la representa como una anciana con un cántaro o un telar.
- *Yum Kax*, dios del maíz, generalmente se le encuentra como un joven con mazorcas o, por ejemplo en Palenque, como el árbol de la vida.
- *Ah Poch*, el señor de la muerte, regía en el Inframundo, *Xibalbá*, y era responsable de la enfermedad y la muerte; aparece como un

ser de torso esquelético y cráneo descarnado, con cascabeles y serpientes en el cuello.

- *Kukulcán*, señor del viento, es la serpiente emplumada y fue importado del altiplano durante el Posclásico; su cuerpo de serpiente

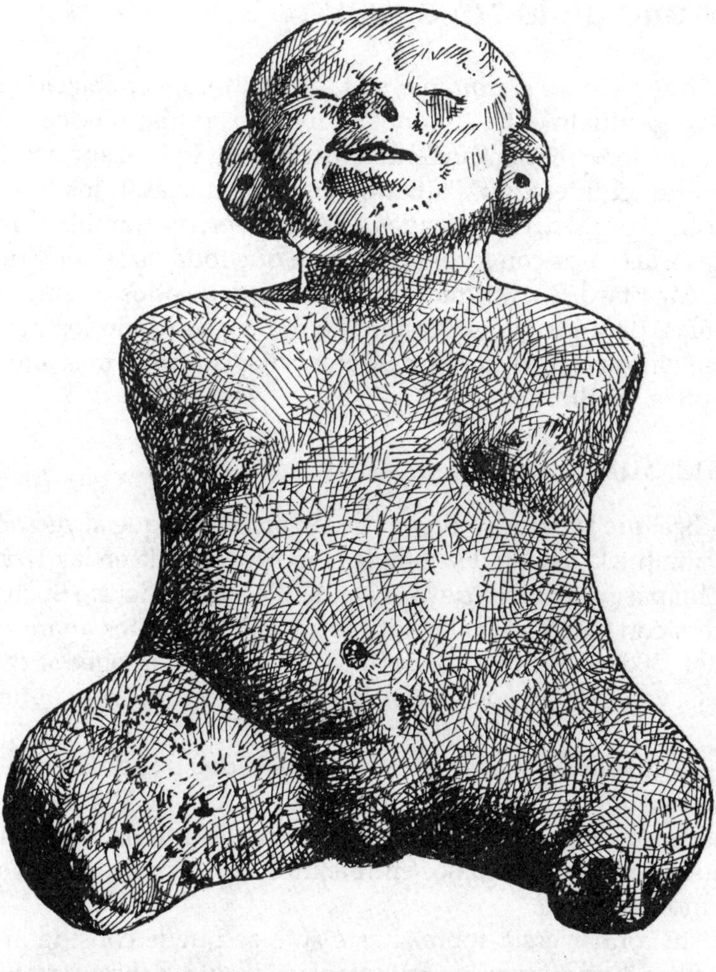

Para todas las culturas agrícolas, como la maya, una de las primeras representaciones religiosas fueron las "diosas madre", mujeres que por su posición y características enfatizan la idea de fertilidad. Es el caso de esta escultura de Kaminaljuyú, Guatemala.

se representa cubierto con plumas de quetzal y frecuentemente su cara es humana.

- *Ek Chua*, protector del comercio, se simboliza con una semilla de cacao o bien es un joven con un bulto a sus espaldas.

Desarrollo de la zona maya

Una vez que se logró el dominio de la agricultura, la población fue aumentando gradualmente. Algunos individuos pudieron dedicar tiempo a la reflexión y al pensamiento creador, con lo que surgieron elites que tomaron el liderazgo. Paulatinamente se iniciaron los trabajos de construcción, primero de viviendas permanentes, presumiblemente muy parecidas a las casas con techos de palma que todavía se construyen en la zona. Más tarde se levantarían edificios dedicados al culto y a las ceremonias, para los que seguramente se habrán usado los materiales que se encontraran a la mano: madera, cañas, hojas, ramas, etc. y, mucho después, piedra.

La zona Sur

Todo indica que la primera región de la zona maya que alcanzó la gran civilización fue la del sur. Es notable Izapa, localizada en las Tierras Bajas de Chiapas, muy cerca de la costa del Pacífico y del río Suchiate, en la frontera con Guatemala. Los primeros asentamientos aparecen alrededor del 1500 a.C. y floreció a partir del 600 a.C. Su apogeo se dio hacia el 300 a.C. y decayó alrededor del 150 d.C, aunque el área continuó habitada.

Los restos de esta ciudad están enmarcados por el cercano volcán Tacaná e incluyen unos 250 monumentos y más de 100 edificios dispuestos en torno a plazas, muchos de los cuales fueron construidos en bajareque, entramado de palos entretejidos, con cañas y barro, sobre un basamento de piedra.

Existe controversia sobre si este sitio se puede considerar maya. Para muchos autores representa la transición entre lo olmeca y lo maya, para otros es puramente olmeca y un tercer grupo lo cataloga como cultura independiente. Sin embargo, hay acuerdo sobre su importancia en el desenvolvimiento de la zona, ya que en los vestigios de muchas ciudades se han encontrado objetos fabricados en el estilo Izapa: composiciones muy elaboradas, que representan grupos de personas, figuras

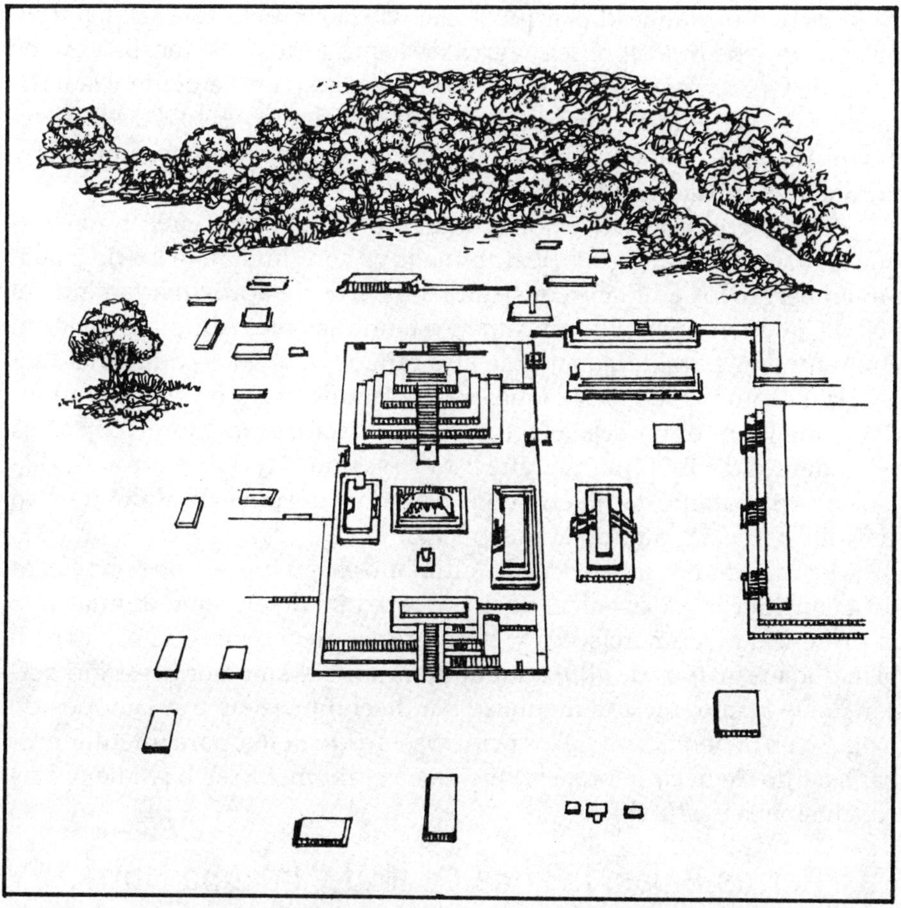

En este plano del corazón de la zona arqueológica de Izapa, Chiapas, se puede apreciar la colocación de edificios ceremoniales y administrativos en grupos, formando plazas; tal como se acostumbró desde el Preclásico en el área maya.

aladas y animales (sapos, cocodrilos, peces, aves, jaguares, etc.). Frecuentemente, las escenas están enmarcadas por la boca abierta de un felino e incluyen una forma "U" entre barras diagonales y bandas de nubes y de agua. También abundan las representaciones de un dios de "labios largos", que para varios investigadores pudo ser el prototipo de *Chaac*.

Otro importante sitio arqueológico de la zona sur es Kaminaljuyú, palabra quiché que significa "cerro de los muertos". Se localiza en los Altos de Guatemala, dentro de la capital de ese país. La evidencia indica que tuvo actividad humana desde aproximadamente el 1200 a.C. hasta casi el 1000 d.C; para el 700 a.C. fue un importante centro comercial y perdió su población hacia el siglo X.

Las diferentes excavaciones que se han llevado a cabo muestran que los restos más antiguos de Kaminaljuyú son similares a los de Izapa. Sin embargo, los edificios construidos a partir de aproximadamente el 500 d.C, tienen un estilo francamente teotihuacano. Algunos sirvieron como tumbas para personajes de alto rango, ya que los cadáveres suelen estar acompañados por esqueletos de sacrificados y numerosas ofrendas, entre las que aparecen objetos de manufactura local, junto con otros procedentes de Teotihuacán, que está a más de 1000 kilómetros de distancia. No obstante, también queda claro que después de algún tiempo el estilo se fue adaptando al gusto local.

En realidad, la influencia del altiplano es tan fuerte que se ha llegado a considerar la existencia de un gobernante de origen teotihuacano, la presencia de comerciantes y aventureros procedentes de esa urbe o bien que los grupos de elite adoptaran el simbolismo por prestigio personal. De hecho, recientemente se han hecho pruebas con isótopos de oxígeno en la dentadura de los principales esqueletos, para intentar probar su sitio de nacimiento, sin que hasta el momento se haya llegado a conclusiones irrefutables.

Las Tierras Bajas: la zona Central y la zona Norte

Hacia el inicio del tercer siglo de nuestra era, en la zona Central se inició una etapa de esplendor a la que los especialistas han llamado "Clásico maya". Se caracteriza por sus extraordinarios centros ceremoniales y manifestaciones artísticas, como escultura, pintura mural y cerámica delgada con decoración policroma. Abundan las estelas con inscripciones calendáricas, que marcan el final de periodos de tiempo y exaltan la alianza del linaje gobernante con los dioses.

Por supuesto, desde antes se habían elevado templos, se conocía la anotación de fechas, se habían fabricado y pintado vasijas y se habían labrado materiales blandos y duros, pero es en este periodo cuando la pericia maya llegó a su mejor expresión.

En este extraordinario relieve del templo de la Cruz Foliada de Palenque, Chiapas, aparecen dos personajes relacionados con una planta estilizada, que puede representar a la ceiba o al maíz; su forma recuerda los cinco rumbos del universo, mientras sus raíces entran en el inframundo y el ave sagrada que la corona, toca el supramundo. Es decir, legitima la relación de los gobernantes con los dioses.

Anteriormente, la arqueología consideraba que antes del año 300 el desarrollo se había dado exclusivamente en la zona Sur, pero en la actualidad se sabe que la construcción de centros ceremoniales en las Tierras Bajas se produjo entre el 100 a.C. y el 150 d.C. en el Petén, región que abarca partes de Guatemala, Belice, Chiapas, Campeche, Tabasco y Quintana Roo.

Para principios del siglo VI ya se habían fundado muchos centros mayas a lo largo de toda la zona Central. Sin embargo, a partir de la segunda mitad de esa centuria se hace evidente un periodo de crisis, al que se suele llamar "hiato". Nada indica un abandono total de ciudades, pero se suspendió la elaboración de estelas y se mutilaron muchos monumentos. Para explicar este hecho se han establecido diversas hipótesis: guerra, revueltas populares y ruptura de las redes comerciales tras la caída de Teotihuacán. Una vez que se superó el problema, cualquiera que haya sido, la región alcanzó un verdadero esplendor: la población aumentó, se levantaron gran cantidad de edificios y se labró un número sin precedentes de estelas.

No obstante, hacia el siglo IX se vuelve a apreciar una importante disminución demográfica, prácticamente se suspendió la fabricación de monumentos y, poco a poco, la población fue abandonando los centros ceremoniales. De hecho, se puede afirmar que la civilización clásica maya se desvaneció a inicios del siglo X.

Hasta la fecha se desconoce lo sucedido; el arqueólogo estadounidense, Michael Coe, escribió en su libro *Los mayas: incógnitas y realidades: "Casi el único hecho conocido con toda certeza acerca de la caída de la civilización maya clásica es que, en efecto, desapareció"*. No se ha encontrado una explicación incuestionable y se han propuesto, entre otras posibilidades, hambruna por la degradación de los suelos, pérdida de prestigio de las elites, epidemias, y desastres naturales como sequías, terremotos y huracanes. Claramente, tiempo después hubo un resurgimiento cultural en la zona Norte.

La abundancia de sitios arqueológicos en las Tierras Bajas es tal, que para su estudio se han trazado subregiones:

- El Petén, donde sobresalen Tikal, Uaxactún, Balakbal, Uolantún, El Zapote, Yaxhá, Xultún, Nakum, Naranjo, Río Azul, Calakmul, Caracol, Lubaantún, Batón Ramie y Altún Há.
- La cuenca del río Usumacinta incluye, entre otros sitios, Yaxchilán, Palenque, Piedras Negras, Comalcalco, Pomoná, Arenal, Reforma, Toniná, Altar de Sacrificios, Seibal y Aguateca.
- La cuenca del río Motagua, en la que destacan Copán y Quiriguá.
- La región Río Bec, en la que se distinguen Becán, Río Bec, Xpuhil, Hormiguero, Channá, Okolhuitz y Hopelchén.
- La zona Chenes, en la que resaltan Hochob, El Tabasqueño, Dzibilnocac, Dzebkabtún y Santa Rosa Xtampac.
- La Zona Puuc abarca, entre otros sitios, Uxmal, Kabah, Labná, Sayil, Chacmultún, Tantah, Itzinté, Xcalumkin y Edzná.
- La costa del Golfo incluye Jaina, Xicalango, Los Guarixes, Tixchel, Champotón y El Tigre.

- La costa oriental, con Tulúm, Cozumel, El Rey, Muyil, Xelhá, Tankah, Punta Piedra, Ecab, etc.

El Posclásico

A partir de finales del siglo IX, en diversas áreas de la zona maya se comienza a notar la introducción de patrones culturales propios de la costa del Golfo y del altiplano central, con lo que se modificaron la cosmovisión y las pautas sociales y religiosas tradicionales mayas. Esto es más evidente en el norte de la península de Yucatán, especialmente en Chichén Itzá, en las representaciones de guerreros con atavíos toltecas. Es difícil tener una cronología exacta en algunos aspectos de este periodo, pues el sistema calendárico se había cambiado por un método mucho menos preciso, al que muchos arqueólogos llaman "cuenta corta".

Algunos documentos del siglo XVI afirman que a finales del siglo X llegó a Yucatán un gran número de toltecas tras la salida de Quetzalcóatl, quien fue expulsado por su hermano Tezcatlipoca de la mítica ciudad de *Tollan*, asociada actualmente con Tula. También aparecieron otros grupos de origen maya chontal, como los *xiu*, los *tutul xiu* y los *cocom*. Además regresaron los *itzáes*, quienes antes habían emigrado a *Chakanputún*, probablemente Champotón, en Campeche. Los tutul xiu se establecieron en Uxmal; los itzáes se apoderaron de *Uuci-Abnal*, "siete arbustos", y le cambiaron el nombre a Chichén Itzá, "el pozo de los itzáes"; por último, los cocom fundaron Mayapán.

Por supuesto, la irrupción de estos actores en el escenario maya provocó transformaciones. Se construyeron murallas en torno a algunas ciudades y la lanza dejó de ser el arma principal para dar lugar al arco y a un lanzador llamado *átlatl* en lengua nahua. La religión siguió estando al servicio del estado, si bien varió la naturaleza de muchas ceremonias, se modificó la importancia de algunos dioses y se incluyeron otros, destacadamente *Kukulcán*, la serpiente emplumada.

Asimismo, el arte tomó formas nuevas, aunque sin un cambio drástico en su esencia. Se enfocó más a lo militar que a los linajes, pero la arquitectura tradicional maya convivió con los espacios con columnas y abundaron las representaciones de la serpiente emplumada, sin que *Chaac* perdiera su lugar.

En política, los cambios fueron más radicales. Textos antiguos, como el *Chilam Balam de Chumayel*, afirman que Chichén Itzá, Uxmal y Mayapán formaron una alianza que duró cerca de 200 años, aunque

La entrada en la zona maya de grupos procedentes del Golfo y del Altiplano provocó cambios culturales que se pueden apreciar en todas las formas del arte del Posclásico. En este bello incensario se destaca, sobre el pecho de un sacerdote, el símbolo de *Kukulcán*, la mítica serpiente emplumada.

actualmente algunos especialistas dudan de su existencia. Bajo ella, los *Halach Uinic* o gobernantes supremos, se tuvieron que subordinar a un soberano superior, el *Ah Tepal*. Más tarde se creó un sistema llamado *Multepal*, que daba una importancia extraordinaria a los matrimonios de la elite, pues varios linajes ostentaban el poder simultáneamente.

Parece posible que este sistema haya provocado la caída de Chichén Itzá y Uxmal; la hegemonía de Mayapán terminó en 1441. Los itzáes emigraron a la isla de Tayasal, en Guatemala, los cocom se fueron a Sotuta, en el centro de Yucatán y los tutul xiu se establecieron en Maní. El hecho es que afloraron diversos cacicazgos, llamados *cuchabal*, que funcionaron hasta entrado el siglo XVI.

Adicionalmente, la evidencia arqueológica muestra que a partir del siglo XII, grupos mayas "toltequizados" comenzaron a incursionar en las Tierras Altas y asimilaron muchos elementos locales, de manera importante la lengua. Para los años 1500, en esta área existían cuatro grandes señoríos: quiché, cakchiquel, rabinal y tzutuhil, junto con pequeños grupos independientes, como pokomanes, mames y pipiles.

A inicios del siglo XVI, aparecieron extraños personajes de tierras lejanas, que cambiaron el orden de las cosas. Derrotaron a la poderosa Tenochtitlán en 1521 e incursionaron por todo el territorio mesoamericano. En 1523 Pedro de Alvarado derrotó a los cachikeles y a los quichés. Para 1527, Francisco Montejo intentó entrar en el territorio peninsular, pero fracasó y no fue sino hasta 1546 que Yucatán quedó sometido. Finalmente, el Petén resistió más que nadie en la zona al poderío español: Tayasal cayó en 1695.

La fuerza de las armas impuso sus leyes y la evangelización intentó cambiar la religión, pero la cultura maya todavía está aquí. Se hablan sus lenguas, se usan sus trajes tradicionales, se pide lluvia a un San Isidro que se confunde con *Chaac*... Investigadores de todo el mundo se ocupan en desentrañar sus secretos y se han restaurado muchas de sus antiguas ciudades. Para nuestra fortuna, todavía nos alumbra su esplendor.

2

El cielo, la piedra y el pincel: escritura, astronomía, matemáticas y calendrario

Los vestigios de todos los pueblos mayas —edificios, estelas, vasijas, esculturas, pinturas y códices— admiran por su perfección técnica y la armonía de su composición pero, además, muchos de ellos contienen trazos de escritura increíblemente complejos. La imaginación trata de comprender representaciones de seres fantásticos, escudos, esteras, lazos, astros o piedras preciosas; en tanto, el ojo encuentra signos que muestran con claridad rostros de perfil, cabezas de animales, manos... La sacudida estética es tan profunda, que no se puede sino concluir que la ilustración dice algo trascendental.

La escritura

Cuando comenzaba el siglo XIX, se despertó un enorme interés por las culturas antiguas. Entre 1839 y 1841, el diplomático y arqueólogo aficionado estadounidense, John Lloyd Stephens, realizó dos viajes por la zona maya acompañado por su amigo, el fantástico ilustrador inglés Frederick Catherwood. La publicación de sus libros *Incidentes de viaje en América Central, Chiapas y Yucatán* (1841) e *Incidentes de viaje en Yucatán* (1843), atrajo la atención mundial sobre la cultura maya, especialmente las ins-

Los tableros cubiertos de escritura del palacio de Palenque, Chiapas, intrigaron al mundo durante muchísimos años; afortunadamente, ya existen elementos para comenzar a entender su significado.

cripciones, pero dado que no existía pista alguna sobre su significado, fueron un misterio aparentemente insoluble durante muchos años.

La aventura del desciframiento comenzó a finales de aquel siglo, cuando el alemán Ernst Forstermann, bibliotecario de la corte real de Sajonia, se avocó a estudiar un antiguo manuscrito maya, el *Códice Dresden*. En él logró descifrar un sistema de numeración y un método de escritura de fechas; también dedujo que los signos se debían leer en columnas dobles, pero por entonces no se habían publicado suficientes textos como para intentar descifrar el código.

Tiempo después el británico Alfred P. Maudslay y el austriaco Teobert Maler dieron a conocer fotografías de una gran cantidad de monumentos con muestras de escritura que, sumados a los dibujos de Catherwood, lograron interesar a muchos estudiosos. No obstante, sólo se pudo avanzar en lo referente al calendario y se concluyó que lo demás debía referirse al mismo tema.

Por fortuna, a partir de la segunda mitad del siglo XX se ha avanzado notablemente en la comprensión de esta compleja escritura. En parte, el problema radicaba en una confianza excesiva en los informes de fray Diego de Landa, que incluyen una supuesta equivalencia de caracteres mayas y latinos, pero el británico Eric Thompson demostró que contenían errores de interpretación e identificó algunos símbolos como clasificadores numéricos. Por otra parte, la estadounidense Tatiana Proskouriakoff logró descifrar signos que indican fechas de nacimiento, ascenso al poder, muerte y otros sucesos, así como algunos correspondientes a nombres y títulos, especialmente de personajes femeninos, aunque quedan algunas dudas sobre su equivalencia exacta. Poco más tarde, el germano-mexicano Heinrich Berlin presentó pruebas de la existencia de "glifos emblema" para Tikal, Yaxchilán, Palenque, Bonampak y otros centros. Ya no cabía duda, las inscripciones mayas hablan de personas y hechos.

El avance mayor se dio cuando el antropólogo ruso Yuri Knorosov publicó en su tesis doctoral que la escritura maya combina los sistemas ideográfico, en el que las palabras se representan directamente mediante dibujos, como una fogata para el vocablo fuego, y fonético-silábico, el que utiliza signos abstractos para representar vocales y sílabas. Su criterio no fue aceptado hasta que lo apoyaron mayistas reconocidos, como Michael Coe y David Kelly. Desde entonces, se ha logrado comprobar que la estructura de las sílabas es consonante-vocal y que, en muchos casos, sonidos y conceptos se pueden representar con más de un símbolo. Adicionalmente, estudios recientes sobre lenguas mayenses contemporáneas también han servido para comprender algunos glifos. Así se ha logrado identificar muchos signos mayas y se inició la elaboración de un cuadro silábico.

El nombre que damos a las grafías mayas es "glifos", y se pueden definir como signos de escritura simbólica o figurada, que combinados expresan fechas, sonidos, palabras, nombres e ideas. Un primer grupo muestra diseños abstractos; en tanto otro representa objetos de uso cotidiano o partes corporales humanas y de animales. En ambos casos, los glifos pueden corresponder a una palabra completa, a vocales o a sílabas, y algunos funcionan como modificadores, prefijos, sufijos, etc.

En general, las palabras completas se figuran con un dibujo, algunas veces muy estilizado; por ejemplo, la palabra *ajaw,* que designa al máximo gobernante y se traduce como "rey", por influencia occidental, se puede representar como la cabeza de un buitre, un signo abstracto o una cabeza humana con una banda. Los elementos silábicos también suelen ser representaciones pictóricas, pero las imágenes casi nunca se relacionan con el significado y para escribir *ajaw* se utilizan tres trazos abstractos, que significan los sonidos "a", "ja" y "wa". Por último, los signos fonéticos e ideográficos se llegan a combinar para esa misma palabra y se pueden unir la cabeza de buitre y el signo "a", o un trazo abstracto y la sílaba "wa".

Las ideas se expresan, entonces, con diferentes tipos de glifos que se combinan dentro de un cuadrado y se deben leer por pares, de izquierda a derecha y de arriba abajo. Hasta la fecha no se ha encontrado alguna regla para hacerlo y se ha llegado a la posible conclusión de que el escriba gozaba de libertad creativa, dentro del legado tradicional, y se daba la mayor importancia a la estética. Otra dificultad radica en que esta escritura estuvo vigente muchos siglos y, por lo tanto, presenta variaciones. No obstante, se ha concluido que la estructura gramatical es verbo-sujeto; los adjetivos se escriben antes del nombre, al igual que los adverbios y el verbo, y las expresiones de tiempo pueden ir antes o después de la palabra con la que se relacionan.

Otros aspectos de la sabiduría maya se asentaron en una especie de libros, que actualmente conocemos como "códices" y en maya yucateco se llaman *haan.* Son largas tiras de papel amate, fabricado a partir de la corteza del árbol del mismo nombre (ficus cintifolia), que se doblaban en forma de acordeón, de manera que cada hoja midiera unos 20 por 10 centímetros, y se protegían con tapas de madera o piel de

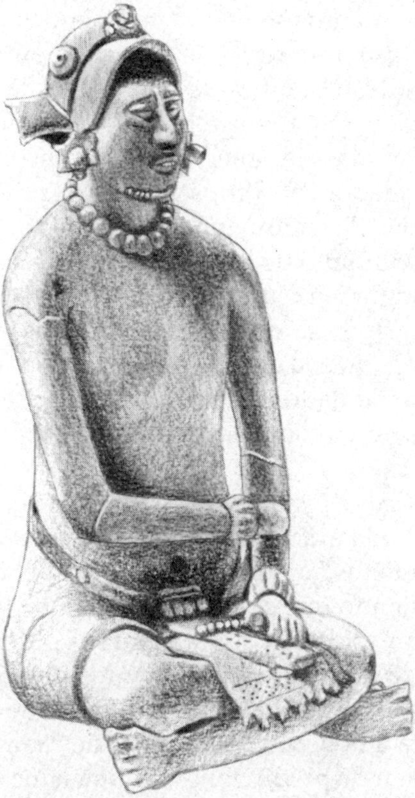

Esta bellísima figurilla de Jaina, Campeche, representa a un personaje con los instrumentos de escritura, es decir, se trata de un escriba, posición de gran prestigio, pues ellos eran los depositarios de la cultura y responsables de su transmisión.

venado. El papel se cubría con una capa muy delgada de estuco, sobre la que sacerdotes o artistas especializados dibujaban glifos y figuras con unos pinceles extremadamente delgados. Algunas veces se trazaban líneas de color rojo para separar las páginas.

Todo indica que existió un gran número de códices en todas las ciudades mayas, pero a nuestros días apenas llegaron algunos. Por lo que respecta a los de la época clásica, lo más probable es que los destruyeran el tiempo, la humedad y el calor. En cuanto a los más tardíos, el obispo Landa ordenó que el 12 de julio de 1561 se quemaran todos los símbolos religiosos idolátricos, especialmente los manuscritos, "*lo cual sintieron* [los indios] *a maravilla y les dio mucha pena*". Este suceso recibe el nombre de "Auto de fe de Maní" y es importante recalcar que no se debe juzgar con ligereza, sino ponerlo en el contexto de su época.

Afortunadamente, cuatro documentos se salvaron de la destrucción. Uno de ellos es el *Códice Dresden*, que recibe ese nombre porque desde 1739 está en la Sächsische Landesbibliothek de esa ciudad alemana. La mayor parte de sus 74 páginas se refiere a la religión y el ritual, en estrecha relación con el calendario; pero también se anotaron datos astronómicos, como cálculos relacionados con Venus y tablas de predicción de eclipses. Presenta diferencias de estilo, que denotan el trabajo de varios escribas, pero hay un predominio de los colores rojo y negro, gran finura de trazo y riqueza iconográfica. Puesto que en él se pueden distinguir elementos que indican influencia del altiplano y glifos relacionados con Chichén Itzá, se ha llegado a la conclusión de que fue elaborado en el norte de Yucatán hacia mediados del siglo XIII. Sin embargo se considera que, al menos en parte, es copia de textos más antiguos, probablemente del 800 d.C.

Se llama al segundo ejemplar *Códice París*, porque se localizó en un cesto de la Bibliothèque Nationale, de París, envuelto en un papel que tenía escrita, entre otras, la palabra Peres, lo que le valió el nombre adicional de "*Peresiano*". Es menos refinado que el *Dresden*, si bien incluye una notable riqueza de detalles. Consta de 22 páginas y en sus glifos se ha llegado a notar cierta semejanza con los del Petén y los del Usumacinta. Se refiere especialmente a los ciclos de 20 años, ilustrados con una figura central —que representa a la deidad protectora de cada periodo—, rodeada de textos que hablan de predicciones. También incluye ceremonias y ritos concernientes a los portadores del año y un almanaque relacionado con el cosmos. El estilo indica que fue elaborado entre los siglos XIII y XV y no hay acuerdo sobre su procedencia, aunque se especula con el occidente de la península de Yucatán, Palenque y Tayasal.

El tercero está en el Museo de América de Madrid, y estuvo dividido en dos durante mucho tiempo. Al parecer, una parte perteneció a un hombre de apellido Tro, en tanto el dueño de la otra pensaba que Cortés había llevado este manuscrito a Europa y por eso lo bautizó *Cortesiano*. Cuando se descubrió que en realidad se trataba de un solo códice, se le cambió el nombre a *tro-cortesiano*, aunque también se le conoce como *Matritense* o *Madrid*. Es el más largo de los cuatro, con 112 páginas, y su calidad estilística es un tanto inferior a la de los anteriores. Contiene información relacionada con la vida cotidiana, como rituales y augurios sobre lluvia, agricultura, apicultura, cacería, etc. Seguramente es contemporáneo del *París*, pero no muestra rasgos del altiplano y su estilo pictórico se podría identificar con el de la costa oriental.

Por último, en la segunda mitad del siglo XX se encontró un cuarto ejemplar dentro de una cueva en Chiapas. Su estado de conservación es extraordinario para haber estado expuesto al clima, pero pobre para su estudio. Se le llama *Códice Grolier*, por la galería de Nueva York en la que se exhibió por primera vez, y actualmente está resguardado en el Museo Nacional de Antropología de la ciudad de México. Las 11 páginas que sobreviven tratan sobre Venus y los únicos signos de escritura que se pueden ver en ellas son numéricos; también incluye dibujos de dioses, cuyo estilo es similar al de los manuscritos mixtecas y a los del altiplano. Quedan algunas dudas sobre su autenticidad, a pesar de que presenta coincidencias con el *Códice Dresden* y se le aplicaron pruebas de carbono catorce que dan como fecha probable el año 1230 de nuestra era, con una variación de 130 años.

Astronomía y matemáticas

Ciertamente, la existencia de un código de escritura tan elaborado evidencia sin lugar a dudas una organización social compleja. Como todos los pueblos agrícolas, los mayas dependieron de la predicción oportuna de las lluvias y del momento adecuado de la siembra. Por eso, siglo tras siglo, hubo personas observadoras que se dieron cuenta de que la posición de los astros en el cielo va cambiando y que después de cierto tiempo vuelven a ocupar los mismos sitios; con cada nueva generación, el conocimiento se fue perfeccionando.

Es evidente que los pueblos mayas encontraron en la observación del cielo una auténtica pasión, especialmente en la de Venus —*noh ek*, "la gran estrella". En toda la zona abundan inscripciones relacionadas con los astros, ya sea pintadas o esculpidas, y destacados arqueoastrónomos, como Anthony Aveny y Horst Hartung, han demostrado que la mayoría de los edificios tienen una orientación extraordinariamente precisa respecto a los puntos cardinales y a periodos como los equinoccios y los solsticios. Incluso la NASA está realizando estudios en ellos.

Existen testimonios de que los mayas se guiaron con la estrella polar y que durante la noche podían medir el tiempo por medio de las pléyades —llamadas *tzab*, "serpiente de cascabel"— y de géminis —*ac*, "tortuga". Adicionalmente, en el códice *Dresden* aparecen tablas con predicciones de eclipses y registros de las trayectorias de Marte, Venus y Mercurio. La habilidad de aquellos sacerdotes astrónomos hoy nos resulta impresionante pues, sin contar con instrumentos, lograron valorar fenómenos tan complejos como el cambio lunar, en 29 días y medio, y el periodo sinódico de Venus, en 584 días —con una corrección de ocho centésimos de día por año. También, muy posiblemente, la revolución de Marte en 780 días y la de Mercurio, en 116. Además, fueron capaces de calcular la duración del año solar con mayor precisión que la del calendario gregoriano, vigente en la actualidad.

Para que la observación del cielo dé resultados, necesariamente se requieren conocimientos matemáticos y un sistema de escritura de números. La numeración maya se basa en el número 20, que representa al hombre completo, ya que es el total de dedos en manos y pies. Con este método, el equivalente a nuestros 10, 100 y 1,000, son el 20 (una veintena), el 400 (20 veintenas) y el 8,000 (20 veintenas de veintenas).

Las cifras se escribieron en una forma extraordinariamente simple: la unidad con un punto y el cinco con una línea horizontal, llamada

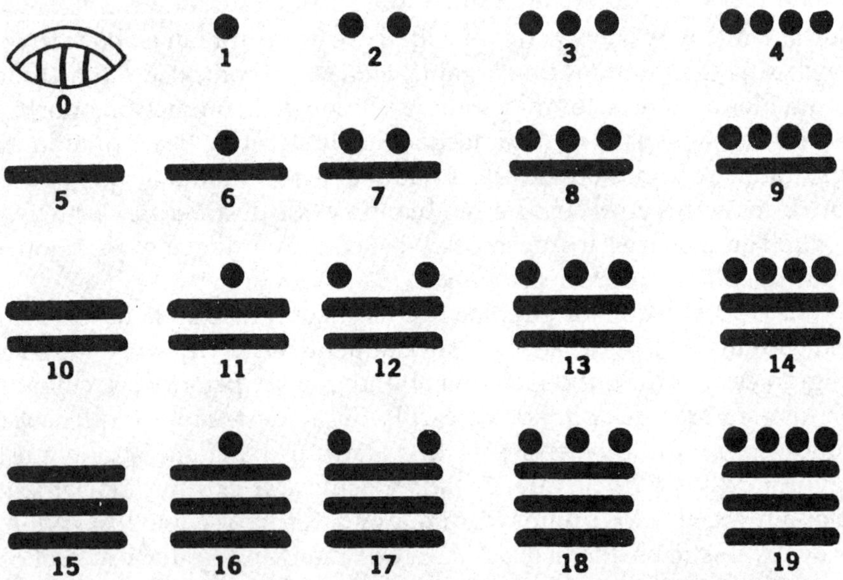

El sistema de numeración maya es extraordinariamente preciso; se basa en el número 20, que equivale a los dedos de las manos y los pies, el hombre completo, y en tres signos: la concha, el punto y la barra.

"barra". Ambos símbolos se combinaban hasta llegar a 19 (cuatro puntos sobre tres barras) y para cantidades mayores se utilizaron niveles verticales, de tal modo que cuando un número ocupa una posición más alta, se multiplica por 20. Puesto que es un método posicional, para que funcione se requiere de la representación del espacio vacío; para esto, se trazaba una concha, una cruz o una flor estilizada. Cabe destacar que el concepto de cero se comenzó a utilizar en Europa alrededor del año 1,000 y se considera que los hindúes lo crearon en el año 598 d.C. Sin embargo en Mesoamérica se utilizaba desde antes del inicio de nuestra era.

Aunque el sistema es muy simple, se entiende mejor con ejemplos. El número 8 se simboliza con tres puntos y una barra (aquí sólo hay un nivel, que dice 3+5); para el 20 se coloca un punto sobre una concha, una veintena en el nivel superior y cero en el inferior; el 21 con dos puntos dispuestos en forma vertical (una veintena arriba y una unidad abajo); el 40 con dos puntos horizontales sobre una concha, dos veintenas en el nivel superior y el de abajo, vacío; el 121 es un punto sobre una barra, que a su vez está sobre un punto, una unidad en el nivel inferior, cinco veintenas en el intermedio, y una veintena en la posición más alta; etc. El investigador Héctor M. Calderón demostró que este sistema de numeración permite realizar todas las operaciones aritméticas rápidamente y con gran exactitud.

En pocos casos se llegaron a utilizar otras formas de representar números. Por ejemplo, el sistema de figuras antropomorfas con símbolos numéricos en alguna parte del cuerpo, o el que se basaba en dibujos de cabezas humanas. Para este último había 12 diseños diferentes, que representaban los números del 1 al 12; con una calavera para el 10 y repeticiones de los nueve primeros, con las mandíbulas descarnadas, para los números 13 al 19.

La cuenta del tiempo

La observación del cielo, combinada con los conocimientos matemáticos, derivó en el registro del tiempo. Los antiguos mayas dieron una importancia casi obsesiva a las cuentas calendáricas, al grado de que deificaron tanto al tiempo en sí mismo, como a cada uno de los periodos que lo forman.

En la zona maya, como en toda Mesoamérica, se utilizaron primordialmente dos calendarios. El primero, que recibe el nombre *Tzolkin*, se utilizaba para propósitos rituales y de predicción; asignaba a los días un número sucesivo del 1 al 13 y uno de 20 signos de escritura. Esto da un total de 260 combinaciones posibles, es decir, 260 días. Tanto nombres como números tenían características que determinaban el destino de las personas, el éxito de las actividades, etc.

El segundo calendario, llamado *haab*, servía básicamente para fines civiles, aunque también tenía significados religiosos. En él, el día se llamaba "*kin*"; el conjunto de 20 kines formaba un "*uinal*" (equivalente de nuestro mes) y 18 uinales —que totalizan 360 kines— hacían un "*tun*" o año. El periodo de 20 años se llamaba "*katún*" y 20 katunes hacían un "*baktún*" (400 años). En casos muy excepcionales, como muestra la estela D de Quiriguá, se llegaron a registrar periodos más largos, como el "*alaltún*" que corresponde a 63,123,287 años.

Al final de cada año se agregaban cinco días —los *uayeb*, "días sin nombre"—, que se consideraban vacíos o nefastos. Además, para compensar las horas adicionales de cada año (con las que hoy se conforma el año bisiesto), se calcularon fórmulas de ajuste. Fray Diego de Landa afirma que agregaban un día cada cuatro años, aunque varios autores consideran que ese método no estuvo vigente para la época Clásica.

Se pensaba que el primer día del *uinal* iniciaba el periodo, por lo que se le designaba el cero; y para nombrar los siguientes, se usaban los números 1 al 19. Cada uno de los 18 *uinales* del año solar estaban bajo la protección de una deidad diferente, a la que se le celebraban complejas ceremonias.

Los dos calendarios se incorporaban en una especie de engrane llamado "rueda calendárica". Consiste en un anillo pequeño, numerado del uno al 13, que se coloca en el interior de otro, en el que aparecen los 20 signos del día; ambos giran en torno a un gran círculo marcado con los números y símbolos del calendario solar (los 20 días de cada uno de los 18 "meses" y los días aciagos). La conjunción de los tres elementos da como resultado la fecha, con un total de 18,980 combinaciones posibles, que corresponden a 52 años: ciclos de vida que los mayas compartieron con todos los pueblos mesoamericanos.

La rueda calendárica solamente permitía que el haab (año solar) iniciara con cuatro signos del tzolkin (calendario ritual) —*kan, muluk, ix y kawak*, según fray Diego de Landa, aunque al parecer hubo variaciones. Éstos eran los "Portadores del año", que se asociaban a los puntos cardinales (este, norte, oeste y sur, respectivamente) y se les recibía con rituales específicos, pues marcaban el destino favorable o funesto del año.

Ahora bien, en muchos monumentos arqueológicos, especialmente estelas y altares, se ha detectado la fecha 4 *ajaw*, 8 *kumku*, del *baktún* 13, para la creación del mundo. Es importante recordar que, aunque con algunas diferencias, en toda Mesoamérica se creyó que el cosmos renacía cíclicamente, y que para los mayas esto había sucedido tres veces. Así, el *baktún* 13 representa al mismo tiempo el final de una era y el principio de otra; es decir, se trata de un punto de partida, sustitución y transformación. Entonces, las fechas indican la cantidad de días transcurridos desde ese tiempo mítico, que se ha situado en el año 3113 a.C. En términos generales se acepta este cálculo, basado en testimonios posteriores a la llegada de los españoles, datos astronómicos y la aplicación del método carbono 14 en dinteles de madera, aunque la discusión continúa.

Durante el Clásico, las fechas se anotaron de manera vertical, con un glifo introductorio en la parte más alta, que se formaba con el símbolo del *katún* y una máscara que figura al *uinal*. A continuación se colocaba la "serie inicial", que presentaba de arriba hacia abajo, los *baktún*, *katún*, *tun*, *unial* y *kin* —algunas veces en una sola columna y otras en dos, que se leen de izquierda a derecha. Regularmente, los periodos iban acompañados por la combinación correspondiente de la rueda calendárica y el signo de uno de los nueve Señores del Inframundo.

Con frecuencia se agregaba una "serie secundaria" especie de nota al pie, que incluía ajustes, y una "serie suplementaria", con datos lunares que se fueron perfeccionando a través de los siglos. Es decir, la impresionante precisión del sistema requería de cálculos increíblemente complejos, que solamente podían hacer unos cuantos sacerdotes altamente capacitados. En la actualidad llamamos a este sistema "cuenta larga".

Un ejemplo que ha llegado a nuestros días de la anotación de fechas del periodo Clásico está en la maravillosa Placa de Leyden (cobijada en un museo de Holanda). Se trata de una pieza de jade de aproximadamente 21 centímetros, que probablemente corresponde a Tikal, aunque se encontró en la zona de Puerto Barrios, Guatemala, en 1864. El grabado de su cara anterior habla de una victoria bélica, pues representa a un personaje ataviado con gran riqueza, de pie sobre un indivi-

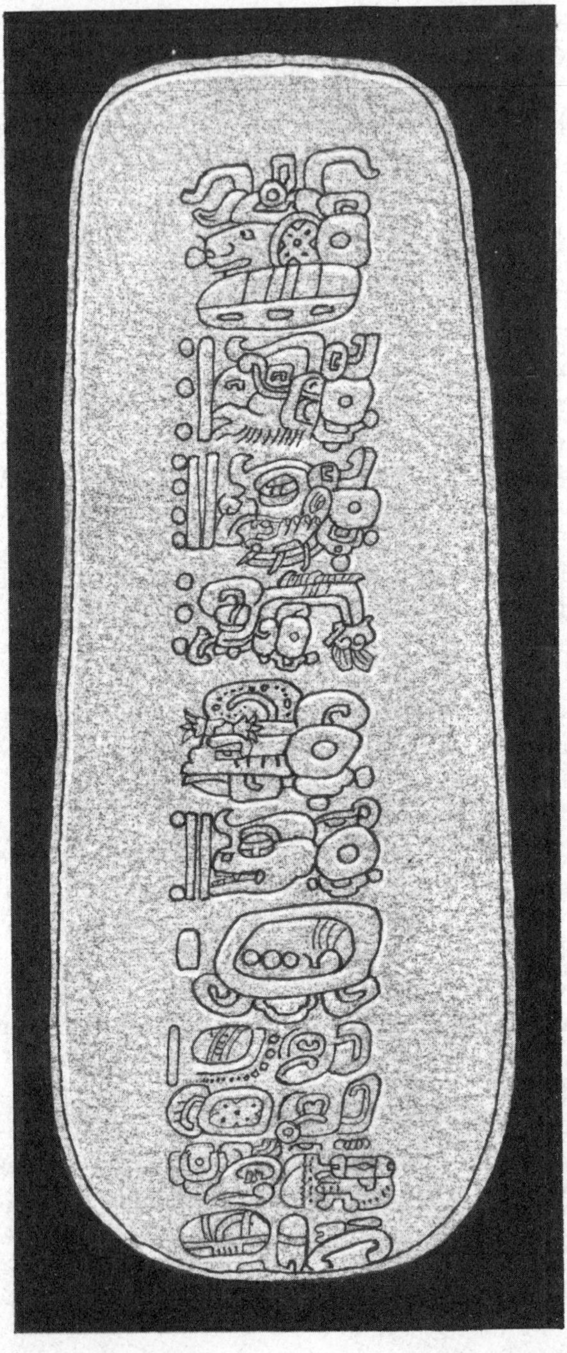

Uno de los testimonios mas bellos de la capacidad maya para anotar fechas es la Placa de Leyden tallada en jade y procedente de Guatemala.

duo acostado, claramente un cautivo. En la parte trasera, tras el glifo introductorio, se lee la fecha 8-14-3-1-12, que se interpreta de este modo:

8 *baktunes* (144,000 días)	= 1, 152,000 días
14 *katunes* (7,200 días)	= 100,800 días
3 *tunes* (360 días)	= 1,080 días
1 *unial* (20 días)	= 20 días
12 *kin* (1 día)	= 12 días

Al dividir el total, 1,253,912, entre 365.242 —la duración del año solar— llegamos a 3,433. Si restamos la fecha de inicio de la cuenta larga 3,113 a.C., llegamos a una correspondencia con el año 320 d.C. y podemos relacionar la pieza con los hechos históricos que motivaron su producción.

El uso de la cuenta larga marca el esplendor del Clásico maya. Sin embargo, hacia mediados del siglo VIII se comenzó a usar una forma más simple de anotar fechas, que solamente incluía el *katún* y la referencia al *Tzolkin*. Por otra parte, en documentos más recientes, como los *Libros del Chilam Balam*, podemos ver que para el Posclásico se había adoptado un sistema todavía menos riguroso, llamado "cuenta de los *katunes*".

Se suele considerar que arte y ciencia son formas de pensamiento separadas, cuando no opuestas; pero las inscripciones mayas, grabadas en monumentos de piedra o pintadas en libros y murales, demuestran lo contrario. Con una belleza simplemente extraordinaria, nos relatan la historia de este pueblo y hablan de su capacidad para comprender la naturaleza. El jesuita, José de Acosta escribió en 1590: "*En la provincia de Yucatán había antiguamente libros de hojas en los que los sabios indios recogían la sucesión de su tiempo, como también sus conocimientos de las plantas, de los animales y de las costumbres, de una manera muy hermosa y cuidada*". Para entonces ya se habían quemado los códices y hablaba de oídas, pero tenía razón.

3

Basamentos, bóvedas, muros y cresterías: arquitectura

Existen pocas sensaciones tan extraordinarias como visitar ciudades antiguas y empaparse de su ambiente. Las construcciones nos dan una idea del tipo de pueblo que las levantó y nos permiten aproximarnos a su organización, sus estructuras, sus costumbres... En ellas se comprende por qué la arquitectura ocupa el primer lugar en el estudio de las culturas: tanto la vida cotidiana, como el arte que la expresa.

El hecho es que los grupos humanos de todo el mundo sintieron la necesidad de construir aun antes de establecerse en un sitio definitivo, cuando crearon monumentos funerarios y refugios contra las adversidades del ambiente, como cuevas adaptadas y cabañas portátiles. Más tarde, con la institución de la agricultura, tomaron los materiales que tenían a la mano para levantar viviendas fijas y edificios comunitarios. Sólo cuando aumentó la población y hubo suficientes excedentes de alimento, se pudo enfrentar la arquitectura monumental, pues ésta requiere de trabajadores de tiempo completo especializados en diseño, obtención y transportación de materiales, albañilería, labrado, etc.

El afán constructor se desarrolló de manera distinta en cada región, dependiendo del clima y las condiciones materiales. La concepción y decorado de los edificios también difiere, pues los ideales estéticos surgen de un orden social y un sistema de creencias específicos. Así, organización, poder, economía y pensamiento —la sociedad completa— se expresan de manera palpable en la arquitectura. Esta idea se comprueba desde en los edificios más complejos hasta en las construcciones más sencillas, especialmente en la vivienda tradicional.

Conocemos las antiguas casas mayas gracias a vestigios que se han encontrado en Uaxactún, Guatemala y en otros lugares; pero también porque en sitios como Labná, Uxmal y Chichén Itzá, Yucatán, aparece representada en relieves y pinturas. Al estudiarlos, queda claro que aquellas habitaciones fueron prácticamente iguales a las que actualmente se usan en la zona: una plataforma de planta circular, elíptica o rectangular, con paredes en bajareque, muchas veces cubierto por un enlucido o revestimiento de cal, y un alto techo de madera y palma, cuya forma es casi cónica. Llama la atención que en nuestros días sea frecuente encontrar varias casas en torno a patios comunes, tal como sucedía en el pasado.

La antigua arquitectura maya se basó precisamente en la casa tradicional: el interior de tumbas y salas es prácticamente idéntico a ella. Esto se debe a que fueron construidas con un sistema conocido como "bóveda de piedra saledliza", mal llamado "arco maya", que consiste en colocar piedras sobre dos muros paralelos, de modo que cada nueva hilera rebase ligeramente a la anterior. Así es posible alcanzar alturas considerables, aunque las habitaciones resultan bastante estrechas. En algunos casos, como en Chacmultún, Yucatán, todavía se aprecian los agujeros en los que se colocaron vigas, si bien no son estrictamente necesarias, excepto, tal vez, como andamiaje o para colgar cortinas y utensilios. Dependiendo de la forma de las piedras, el aspecto final de la bóveda maya puede ser rectilíneo, redondeado, trilobulado y de otros estilos.

Todo indica que la bóveda de piedra saledliza se comenzó a usar en tumbas desde el Preclásico, aunque la arquitectura funeraria maya se presenta en diversas formas: montículos; cavidades sin techar, delimitadas toscamente por piedras irregulares; fosas revestidas de lajas y cubiertas por losas etc. Destacan las cámaras funerarias con techos abovedados que se encuentran bajo los templos, ya sean subterráneas u horadadas en la estructura.

A lo largo de casi todo el Clásico Temprano, en las bóvedas se utilizaron lajas bastante largas, de las que sólo sobresalía un extremo. Con el tiempo, el tamaño de las piedras fue disminuyendo, hasta llegar a sillares más bien pequeños que se colocaban en plano oblicuo, y en los ejemplares más tardíos, las cubiertas de piedra sirvieron como armazón fijo que se rellenaba de mortero y piedras: una especie de concreto casi monolítico. Indudablemente, la bóveda de piedra saledliza es la característica más representativa de la arquitectura maya y se la encuentra a lo largo de toda la zona, con muy contadas excepciones.

Una de las características exclusivas de la arquitectura maya es la bóveda de piedra salediza, como se puede apreciar a simple vista en el Arco de Labná, Yucatán.

Ahora bien, si se construía una plataforma para la choza, resulta lógico que en los templos se buscara llegar lo más alto posible, imitando la forma de las montañas, que en la cosmovisión mesoamericana eran sagradas. Por eso, diversos especialistas consideran que las entradas de los santuarios simularían accesos a cuevas figuradas, como símbolo de penetración en la tierra y, por lo tanto, de fecundación. Así, los personajes sepultados en su interior habrían sido engrandecidos hasta la categoría de encarnación de las deidades, afirmación que parece reforzarse por la extraordinaria riqueza de muchas ofrendas funerarias e incluso, como en el caso de la del Señor de Palenque, de las criptas mismas.

Los basamentos más antiguos se hicieron con acumulaciones de tierra y otros materiales, más tarde se usó mampostería. Para ganar altura se superponían varias plataformas, de modo que formaran grandes escalones, y se aplicaba un revestimiento cuidadosamente pulido que después se pintaba. El acceso a la plataforma superior se hizo por medio de escaleras frontales dispuestas sobre una rampa, lo que contrasta con los espacios horizontales y ofrece una extraordinaria impresión de verticalidad. Cabe destacar que, en opinión de varios investigadores, los primeros edificios religiosos del área maya deben haber sido circulares y después fueron destruidos o cubiertos con otras construcciones.

La edificación de basamentos se inició entre el 1,000 y el 800 a.C. Los ejemplares más antiguos que se conocen hasta hoy constan de uno o dos terraplenes recubiertos con argamasa de cal y barro, o una capa delgada de encalado. En contraste, muchos de los templos más importantes que han llegado a nuestros días presentan nueve niveles, lo que invita a pensar en una relación con los estratos del Inframundo. En la parte superior habitualmente se colocó un templo, en un principio de materiales perecederos y, más tarde, se construyeron una o varias cámaras de mampostería con bóveda de piedra salediza.

Otro rasgo exclusivo de la arquitectura maya es que a menudo sobre los techos se encuentran unas fachadas adicionales, de hasta 10 metros de altura, que estuvieron ornamentadas. Están colocadas a modo de peineta o cresta, por eso reciben el nombre de "crestería" y no tienen una función estructural. Seguramente con ellas se buscaba acentuar la verticalidad de los edificios religiosos o, excepcionalmente, la importancia de los civiles. Es importante aclarar que estas decoraciones presentan diferencias regionales y que no se encuentran en todos los sitios arqueológicos.

Cerca de los templos aparecen grandes edificios de aspecto horizontal, a los que se les suele llamar "palacios", aunque en la mayoría de los casos desconocemos su función primitiva. Lo más probable es que sirvieran como viviendas para la elite, centros de educación y administrativos, o una combinación de las anteriores. Llegan a medir más de 100 metros de largo y suelen formar parte de conjuntos masivos, que en arqueología se llaman "Acrópolis" (siguiendo la nomenclatura griega). Fueron levantados sobre plataformas verdaderamente amplias, parecidas a grandes terrazas y normalmente constan de un solo piso, aunque los hay de varios, como el Gran Palacio de Sayil, Yucatán, que tiene tres. A menudo están distribuidos en torno a patios a los que, por su forma, se acostumbra denominar "cuadrángulos".

Si bien normalmente se colocaban cresterías como remate de los edificios religiosos, en ocasiones también se enfatizaba la importancia de otras construcciones, tal como se aprecia en el llamado "Palomar" de Uxmal, Yucatán.

Estas construcciones son sucesiones longitudinales de habitaciones angostas, por supuesto construidas en bóveda maya. No tienen comunicación lateral y sólo excepcionalmente presentan aberturas muy pequeñas, que harían la función de ventanas; así que lo más normal es que la luz y el aire entren solamente por la puerta principal, que suele llegar hasta el inicio de la bóveda y remata en un dintel, ya sea de piedra o de madera, muy frecuentemente labrado con maestría. Es usual encontrarlos en hileras paralelas comunicadas entre sí, de tal modo que forman una especie de "departamentos".

Otras construcciones indispensables en los sitios mayas son los Juegos de Pelota: espacios estrechos, planos y largos, delimitados por dos edificios paralelos, con muros en talud de inclinación variable y rematados por cornisas. La mayoría de los que se pueden ver actualmente en la zona fueron trazados entre los siglos III y IX d.C. Adosados a los muros laterales solía haber elementos esculpidos en forma de discos o cabezas de animales, que seguramente sirvieron como marcadores. En los ejemplares más tardíos, el espacio está cerrado por construcciones que dan a la "cancha" una forma de doble "T". Ciertamente su ubicación, siempre en el corazón de las ciudades y cerca de los edificios más importantes refuerza la idea de la esencia ceremonial el juego; además, con mucha frecuencia están bellamente ornamentados, y abundan las representaciones relacionadas con él en murales, estelas, cerámica, etc. .

Si bien los templos, los palacios y los juegos de pelota son las principales construcciones mayas, no son las únicas. También hay baños de vapor —a menudo con sistema de desagüe y un horno para quemar maderas aromáticas o calentar piedras— y observatorios —torres de planta cuadrangular o circular con una escalera interior, o conjuntos de edificios que coinciden con fenómenos astrales.

Con respecto al decorado de los edificios, se acostumbraba recubrir y policromar los muros, con preeminencia del color rojo, si bien los rastros de pintura mural son escasos. Muchas veces se agregaron mascarones: grandes esculturas de caras, que normalmente representaban dioses. Los hay esculpidos en piedra, y también de estuco aplicado sobre una especie de "esqueleto" de piedras que sobresalían de la estructura arquitectónica; esto último sucede, sobre todo, en los ejemplares más antiguos.

Algunos especialistas consideran que las ciudades mayas fueron exclusivamente centros ceremoniales. Sin embargo, los más opinan que

Frecuentemente, sobre las fachadas de los edificios se colocaban decoraciones de gran importancia simbólica, como este mascarón finamente esculpido de Kohunlich, Quintana Roo que representa al dios del Sol y que ha perdido la capa de color que lo cubría.

constituyeron auténticos centros urbanos, en los que nobles y sacerdotes habitaron en el área central, mientras que el pueblo lo hizo en las afueras. Esta segunda hipótesis se comprueba con múltiples evidencias de plataformas de casas comunes en torno a los grandes edificios. Así, se puede concluir que las zonas arqueológicas actuales son tan solo una parte de los grandes centros religiosos y políticos de la antigüedad.

Los edificios monumentales normalmente están colocados en torno a plazas perfectamente niveladas, con frecuencia en grupos de tres, y es claro que en algunos casos se aprovecharon los accidentes del terreno o se crearon elevaciones artificiales para dar realce a algunas construcciones. Los centros más importantes constan de varias plazas, unidas por caminos —*sacbes*— que se comenzaron a construir desde el Preclásico Tardío. Se han encontrado algunos que se levantan hasta cuatro metros sobre el nivel del suelo, y otros que llegan a tener varios kilómetros de longitud, pues también comunicaban unas ciudades con otras.

Muchos estudiosos concuerdan en que las urbes mayas reproducen el espacio mítico: frecuentemente incluyen marcadores de los puntos cardinales y los templos constituirían un *axis mundi*, o punto de comunicación entre los tres niveles del cosmos. Esta afirmación se ratifica por la presencia de cuevas con evidencias de culto dentro o muy cerca de las zonas habitadas, que debieron ser causas trascendentales para elegir los sitios de construcción; incluso se ha descubierto que algunas fueron excavadas intencionalmente.

Como se había comentado, reviste especial importancia la evidente intención astronómica de los centros mayas. Además, los planos urbanos suelen seguir ejes este-oeste o norte-sur pero, a diferencia de las poblaciones más importantes del altiplano central, como Teotihuacán, no presentan un ordenamiento geométrico en cuadrantes.

Es importante destacar que a lo largo de la zona maya aparecen distintos materiales de construcción. Así, encontramos que en las planicies predomina la roca caliza blanca, gris y rosada, mientras que en las regiones montañosas y volcánicas prevalecen la traquita, el basalto y la toba, y en Comalcalco, Tabasco, donde los materiales líticos son más que escasos, se usó ladrillo.

No obstante, la arquitectura maya muestra una extraordinaria continuidad. Se usaron las mismas formas básicas durante casi un milenio, a pesar de que una impresionante cantidad de edificios se reedificó y amplió varias veces. De hecho, las construcciones originales se cubrían con otras, lo que implica un aumento en las dimensiones, y cada nuevo edificio se asocia al entierro de nobles o a la celebración de sucesos históricos de importancia. Así, la mayoría de las edificaciones que llegaron a nuestros días corresponden al Posclásico, pero gracias a que en muchos casos se protegió cuidadosamente la estructura original, se han podido encontrar ejemplares muy antiguos en bastante buen estado de conservación. Ese es el caso del templo Rosalila de Copán, Honduras, y la Estructura H-Sub-3 de Uaxactún, Guatemala, entre otros.

Estudiosos de todo el mundo se han empeñado en descifrar la arquitectura maya. Hay ciudades grandiosas, como Tikal; delicadas, como Palenque; tímidas, como Chacmultún; impresionantes, como Chichén Itzá… Cada una muestra rasgos que la hacen única y, no obstante, también es claro que corresponden a una misma cultura. Jacques Soustelle lo explicó magistralmente en su libro *Los mayas*, cuando escribió: *"Así, fuerte por su unidad, la civilización maya desconoce la uniformidad. Lo que constituye su riqueza es la originalidad de cada uno de sus componentes"*.

La zona Sur

Los primeros avances de civilización se dieron en la región sur, hacia el final del Preclásico, y en sitios como Izapa y Chiapa de Corzo, Chiapas, y en Kaminaljuyú, Monte Alto y Abaj Takalik, Guatemala, hay restos arquitectónicos verdaderamente antiguos, en forma de montículos funerarios, plataformas alargadas y basamentos escalonados con núcleos de tierra y piedras, así como plataformas con escaleras que sostuvieron construcciones de materiales perecederos. Sin embargo, no se han encontrado vestigios del uso de bóveda de piedra saledíza, y esa es una de las razones por las que varios expertos consideran que el área no es maya.

El estudio de Kaminaljuyú presenta grandes dificultades, ya que está prácticamente inserta en la actual ciudad de Guatemala; no obstante, han llegado a nuestros días plataformas y templos escalonados, revestidos de adobe o piedra pómez, con santuarios que tuvieron muros de mampostería o adobe y techos de palma, que dejan en claro su importancia durante el Clásico Temprano. Además, muchos edificios muestran una forma casi idéntica a las construcciones teotihuacanas en tablero-talud y es evidente que ostentaron decoración con motivos pintados. Este hecho, unido al uso de obsidiana verde procedente del centro de México y a las frecuentes representaciones de personajes con vestidos y armamento propios también del centro de México, y del dios teotihuacano del agua, dejan en claro que Kaminaljuyú recibió una fuerte influencia del altiplano y la irradió al resto del área maya.

Destaca el llamado Montículo E-III-3: un templo escalonado, cuyas plataformas se fabricaron con barro. Muestra diversas etapas constructivas y tumbas que fueron excavadas en sucesiones de rectángulos cada vez más pequeños, hasta llegar a la base, y que después se cubrie-

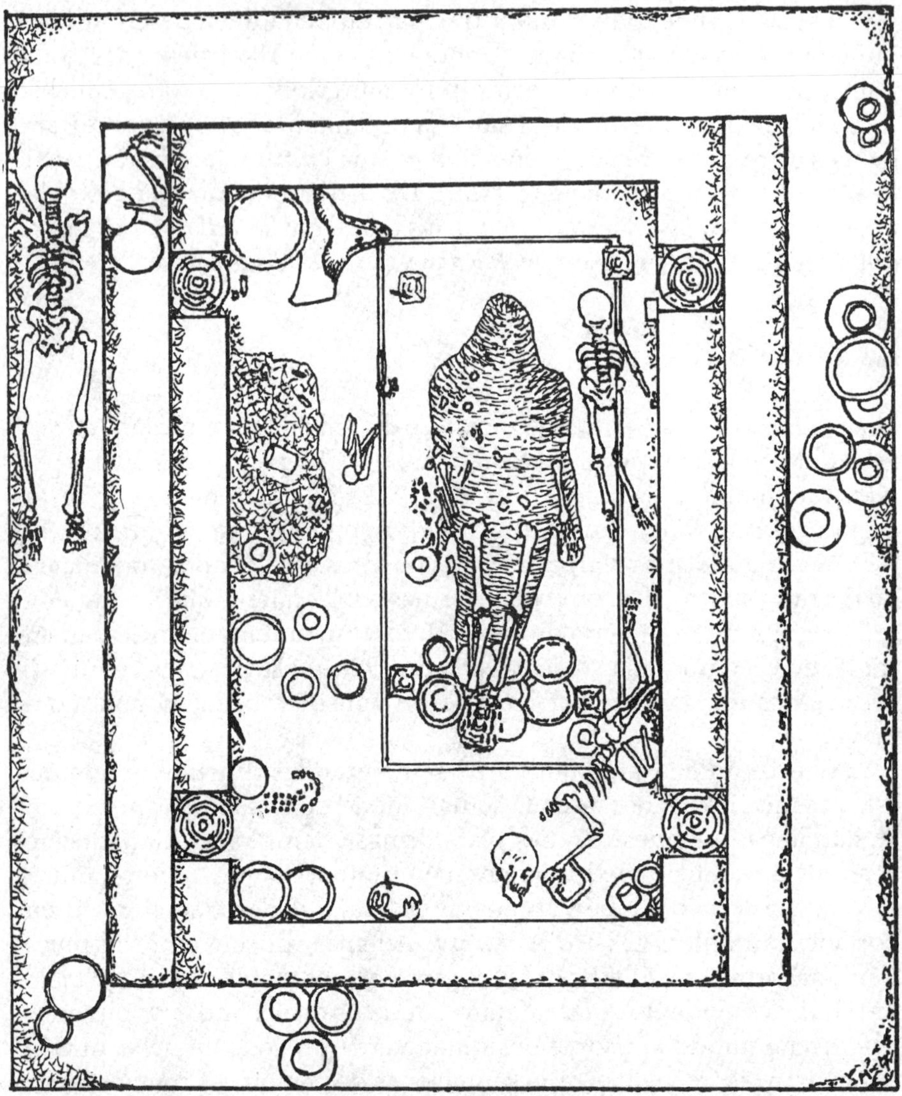

En la tumba 2 del montículo E-III-3 de Kaminaljuyú, Guatemala, se encontraron cadáveres de adultos y niños que acompañan al dignatario y una riquísima ofrenda con piezas de jade, obsidiana, basalto, pirita y barro, entre otros objetos.

ron con arcilla; de modo que es posible concluir que la causa de cada superposición fue el entierro de alguna persona importante. En las cámaras se encontraron los restos de adultos y niños que probablemente fueron sacrificados y colocados ahí para asistir al dignatario en su viaje al Inframundo, además de ofrendas compuestas por múltiples objetos de jade, obsidiana, estuco, basalto, hueso y cerámica, de excelente manufactura.

En términos generales, los centros de esta zona decayeron durante el Clásico. Para el Posclásico encontramos varias ciudades de los Altos guatemaltecos, cuyos restos son similares a la arquitectura del altiplano central, como estructuras escalonadas con templos gemelos, techos planos, muros en talud y juegos de pelota cerrados en los extremos.

La arquitectura del Clásico maya en la zona Central

En las Tierras Bajas mayas se han identificado los restos de unas 20 capitales, que controlaron varias urbes menores. De hecho, incluyen una multitud de sitios arqueológicos que presentan diferencias arquitectónicas, por lo que se han dividido en subregiones definidas básicamente por su estilo.

El estilo Petén

Las características del Petén parecerían poco propicias para la arquitectura y, con todo, en ella florecieron ciudades extraordinarias. La evidencia arqueológica indica una fuerte relación con las Tierras Altas del sur, especialmente Kaminaljuyú, y este vínculo marcó una influencia teotihuacana, que poco a poco se mezcló con las tendencias locales.

De este modo, la región desarrolló un estilo propio, que se define por templos altos, que llegan a tener una inclinación de hasta 70°, frecuentemente con molduras y ángulos entrantes y salientes en las esquinas, así como escaleras con peldaños sumamente altos y estrechos, colocadas sobre rampas en un ángulo ligeramente más abierto que la estructura principal, apenas unos 10 o 15 grados. Los santuarios habitualmente se componen de tres cámaras y están coronados por pesadas cresterías, que en su tiempo estuvieron revestidas por estuco, colocadas sobre el muro posterior. Tanto en los edificios religiosos como en los civiles, las

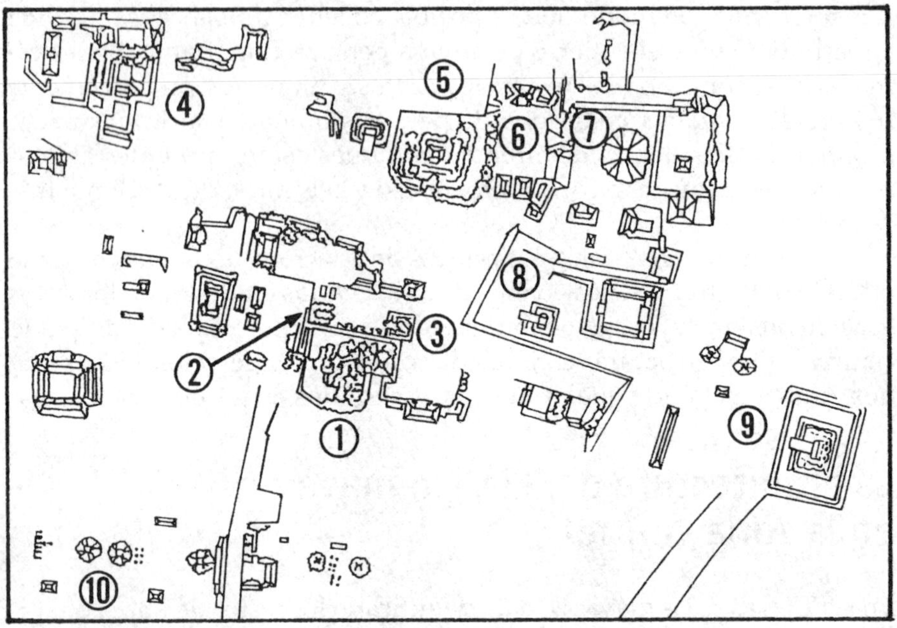

1	Acrópolis del Norte	6	Plaza de los Siete Templos
2	Templo del Gran Jaguar	7	El Mundo Perdido
3	Templo de los Mascarones	8	Templo del Gran Sacerdote
4	Templo de las Inscripciones	9	Templo de la Serpiente Bicéfala
5	Acrópolis del Sur	10	Pirámides Gemelas

La zona central de Tikal, Guatemala, incluye extraordinarios conjuntos de edificios conectados por caminos, ésta fue una de las ciudades más importantes del Clásico maya y se calcula que llegó a tener cerca de 60 mil habitantes.

habitaciones en bóveda de piedra salediza son bastante pequeñas; por último, las fachadas suelen estar marcadas por pendientes y muchas de ellas ostentaron mascarones de estuco.

Se suele llamar a este conjunto de características constructivas "estilo Petén" o "estilo Tikal", porque esa es la mayor entre las ciudades del Petén; incluso algunos escritores la han calificado como "gigante entre los centros mayas del Clásico". Su apogeo se coloca entre los siglos VII y VIII, pero indudablemente dominó la zona central durante al menos seis centurias: la fecha más antigua que se ha encontrado en ella corresponde al año 292 y la más reciente al 869. Resulta importante resaltar que bajo la mayor parte de los edificios que han llegado a nuestros días hay otros anteriores, los más antiguos corresponden probablemente al año 800 a.C.

La grandeza de Tikal se hace evidente en su área central, que se extiende unos 16 Km2 y comprende más de 3,000 estructuras, por lo que es equiparable a una ciudad europea importante del mismo periodo. Se ha calculado que pudo tener 60,000 habitantes, que se abastecían de agua en 10 grandes depósitos limitados por bordos artificiales. La traza urbana consta de varios conjuntos conectados por caminos, entre los que destaca la Plaza Mayor, el corazón urbano.

Esta plaza está sembrada con un verdadero "bosque" de estelas —más de 200— y la enmarcan dos imponentes templos casi verticales, con empinadas escaleras al frente y esquinas en zig-zag, que fueron construidos hacia el año 700 d.C. —después del hiato. Al este se puede ver el Templo I, también llamado "del Gran Jaguar" por el grabado de uno de sus dinteles, en cuya base se encontró una tumba de riqueza impresionante. Tiene un pequeño juego de pelota anexo, mide poco más de 50 metros de altura y su cuerpo se compone de nueve grandes escalones. Frente a él está el Templo II, que recibe el nombre "de las Máscaras", por la decoración de su fachada; se levanta casi 40 metros y presenta tres cuerpos.

La Acrópolis del Norte, en uno de los costados de la Plaza, es un complejo de patios, palacios y templos, que en su momento estuvieron recubiertos por estuco y pintados de colores brillantes. Al parecer, la ciudad se extendió a partir de este punto, pues presenta más de 10 niveles de superposición y bajo sus edificios se han encontrado varias criptas funerarias de miembros de la nobleza; entre ellas algunas que corresponden al Preclásico Tardío. De hecho, uno de los gobernantes más destacados de Tikal, al que tradicionalmente se llama *K'awil Chaan* (Cielo Tormentoso), fue enterrado hacia al año 457 bajo el Templo 33, que incluye tres construcciones superpuestas.

La Acrópolis Central cierra la plaza y probablemente sirvió para habitación de la familia reinante entre la segunda mitad del siglo VI y el final del IX. Abarca casi una hectárea y media e incluye seis patios y 45 estructuras, entre las que destaca un palacio de cinco pisos. Resulta de interés que en 1964 se descubrieron dos cráneos bajo una de sus escaleras, claro indicio de sacrificios humanos.

Tikal incluye muchos otros conjuntos arquitectónicos, como las Acrópolis Sur y Este, el Complejo del Mundo Perdido y la Plaza de los Siete Templos —con un juego de pelota triple, que es único en Mesoamérica. Además, en esta urbe se pueden encontrar estructuras que no se asocian a plazas, por ejemplo el inconcluso Templo VI, o Templo de las Inscripciones, que en su parte posterior ostenta una larga serie de glifos, gracias a los cuales se han podido conocer relevantes datos históricos. También es el caso del Templo IV, el edificio maya de mayor altura, con sus casi 70 metros y un volumen cercano a los 200,000 m^3. Se construyó a partir del segundo tercio del siglo VIII, cuando gobernaba *Yax Kin*, seguramente el personaje enterrado bajo su base.

Los conjuntos de "pirámides gemelas" son casi exclusivos de esta ciudad; sólo se ha encontrado otro en la cercana Yaxhá, que se construyó después de que fuera conquistada por Tikal. Consisten en dos templos iguales, orientados hacia los puntos cardinales, e incluyen altares y estelas que representan soberanos en distintas funciones. Presuntamente los siete grupos de este tipo que existen en Tikal se levantaron para conmemorar el final de los *katunes*, o ciclos de 20 años.

Por supuesto, en el Petén hubo muchas otras ciudades, que mantuvieron un intenso intercambio cultural y comercial. Uaxactún, Guatemala, fue fundamental en el desarrollo maya y en ella está el ejemplo más antiguo de bóveda de piedra saledizа encontrado hasta hoy. También resalta Calakmul, Campeche, seguramente el adversario más importante de Tikal, aunque nunca se logró su sumisión completa. En ella se pueden admirar dos acrópolis, múltiples templos con opulentas tumbas, conjuntos dedicados a la astronomía y varios juegos de pelota. Por otra parte, Caracol, Belice, tiene monumentos fechados entre el 485 y el 889 d.C. e incluye cinco plazas, un observatorio y varios templos.

El estilo Motagua

La frontera actual entre Guatemala y Honduras marca el límite sur de la arquitectura monumental en la zona maya, en la cuenca del río Motagua. En ella se encuentran dos principales centros urbanos: Quiriguá, Guatemala, la más pequeña, fue controlada por Copán, Honduras, durante unos 500 años, hasta el 738 d.C., cuando recuperó su independencia.

El diseño de ambas ciudades es análogo y su estilo arquitectónico se caracteriza por templos relativamente bajos, ausencia de cresterías, uso de formas asimétricas e irregulares, alineación de acuerdo con los puntos cardinales, muros muy anchos y habitaciones con bóvedas ligeramente abocinadas. Usualmente, la decoración se centra en torno a los vanos, en la representación de fauces de serpientes y motivos geométricos. Es decir, en esta zona la arquitectura se liga intensamente a la escultura.

Copán, en el norte del actual territorio de Honduras, es el mejor ejemplo de este estilo. *K'inich Yax K'uk Mo'*, quien al parecer procedía de algún lugar del altiplano central, fundó la dinastía gobernante hacia el 426 d.C. y *Yax Pasah*, el último de sus 16 gobernantes, ascendió al poder en 763.

La zona central de Copán es casi rectangular, con una orientación norte-sur, formada por la Plaza Mayor; el Patio de la Escalera Jeroglífica; el Patio Intermedio, y la Acrópolis, con los Patios Este y Oeste. Entre las construcciones más destacadas está el Templo 26, o de la escalera jeroglífica, ya que en sus 62 peldaños se grabaron más de 2,000 glifos con datos dinásticos —el documento maya más largo encontrado hasta hoy. Bajo él hay evidencia de cinco etapas constructivas: al parecer fue el segundo rey de Copán quien levantó el edificio más antiguo, conocido como "Papagayo", ligado al quetzal y seguramente dedicado a la fertilidad. Alguno de sus sucesores lo cubrió con otro de mayor tamaño y la tercera superposición se levantó hacia finales del siglo VI, o principios del VII, pues el 11° gobernante está enterrado en él. Lo cubre la estructura conocida como "Esmeralda" y los últimos reyes llevaron a cabo otras transformaciones, entre las que se incluye la escalinata.

Sin embargo, tal vez el edificio más conocido de Copán sea el Juego de Pelota, por sus muros laterales en plano inclinado y sus marcadores en forma de cabeza de guacamaya. Se comenzó a construir en el siglo IV y se reformó en el VIII.

Una característica especial de Copán es la presencia de tribunas. Las hay en los patios de la Acrópolis y, especialmente, en la Gran Plaza, donde aparecen asientos en forma de gradería a lo largo de tres de sus lados, en tanto en el cuarto se levanta un pequeño templo. La gradería rodea a un extraordinario jardín escultórico, formado por siete estelas y 11 altares, por lo que se ha especulado que aquí se celebraban los rituales relacionados con ellas. Cabe destacar que para muchos estudiosos, en esta región la escultura maya alcanzó el mayor refinamiento, especialmente en las estelas de Copán.

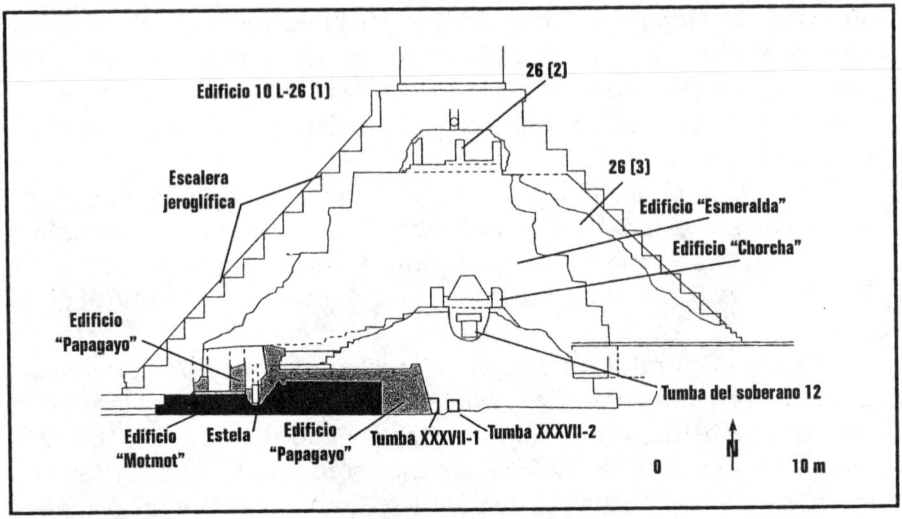

El Templo de la Escalera Jeroglífica de Copán, Honduras, ha sido intensamente estudiado y es un ejemplo de la importancia de la ubicación de los templos, ya que en él se han identificado cinco etapas constructivas que corresponden a diferentes periodos.

El estilo en la cuenca del Usumacinta

El Usumacinta es el río más largo de Mesoamérica: corre sobre parte de la frontera entre Guatemala y México y continúa por los estados de Campeche y Tabasco, hasta llegar al Golfo de México. La mayor parte de los más de 100 mil Km^2 que constituyen su cuenca, están cubiertos de selva y sembrados con pantanos, ríos y arroyos. La fertilidad de la zona permitió el desarrollo de muchos pueblos y la presencia del río favoreció contactos económicos y políticos, incluso con regiones lejanas. Aquí encontramos un gran número de asentamientos antiguos, pero ninguno brilla como Palenque, que ha sido estudiada por múltiples especialistas a partir de 1787 —cuando se publicó el informe de la exploración comandada por Antonio del Río.

Esta ciudad se localiza en las faldas de la Sierra Madre de Chiapas, sobre una repisa en parte natural y en parte adaptada. El área urbana llegó a abarcar unos 16 Km2 y hasta hoy se han identificado más de 800 estructuras, para las que se aprovechó la topografía, pues algunos templos están adosados a los cerros, que así les sirven de marco. Posiblemente la primera aldea se fundó hacia el año 100 a.C. y es claro que para el Clásico Tardío funcionaba como el centro más importante de lo que hoy es Chiapas y Tabasco.

El apogeo de Palenque comenzó en 615, con el ascenso al trono de un joven de apenas 12 años, durante cuyo reinado se construyeron muchos de los edificios de la ciudad, destacadamente el conocido como Templo del Conde. Es frecuente que se le llame *Pacal*, escudo en lengua chol; pero todavía no hay acuerdo sobre el punto, por lo que es mejor referirse a él simplemente como "el Señor de Palenque". Lo sucedió su hijo, denominado *Chan Bahlum*, quien gobernó de 684 a 702 y al parecer construyó los templos del grupo de la Cruz y el Templo de las Inscripciones, en el que fue enterrado su padre. A su muerte, accedió al poder su hermano menor, *Kan Hul*, y bajo sus órdenes el Palacio tomó la forma actual. Este último reinado terminó en 740 y, aunque el centro urbano continuó ocupado hasta por lo menos 799, todo indica que la arquitectura monumental terminó con él. Es importante destacar que hay evidencia de que esta ciudad también fue gobernada por mujeres, ya fuera por derecho propio o a través de sus hijos.

Si bien en Palenque se encuentran los elementos característicos de la arquitectura maya, la técnica, la forma y la proporción son peculiares: los techos presentan una leve inclinación exterior y con frecuencia se aprecian nichos bastante profundos dentro de las cámaras. De este modo se atenúa la masa, lo que permite muros más delgados y un espacio interior más amplio. Por ejemplo, los muros del Templo del Sol miden tan sólo 90 cm y las habitaciones tienen unos tres metros de ancho.

En casi todos los edificios, los pisos se recubrieron con estuco y generalmente se accede a las cámaras —ya sean de palacios o templos— a través de un pórtico o galería con múltiples vanos. Así, en lugar de un muro frontal, hay una sucesión de pilares relativamente delgados, que favorecen el juego de luz y sombras y dan una impresión de liviandad. Además, es frecuente encontrar puertas en los lados cortos y ventanas trilobuladas, rectangulares, en forma de "T" o de cruz —el símbolo de *ik*, el viento—, y en los ejemplares más recientes, la puerta corta la bóveda.

En cuanto a las fachadas, el friso de la parte superior —que corresponde al techo— se limita por cornisas y, al igual que los muretes, estuvo decorado con extraordinarios relieves de estuco: figuras humanas, mascarones, formas onduladas, etc. Por otra parte, tanto en edificios religiosos como en civiles, se encuentran cresterías formadas con dos muros calados que se unen en la parte superior y resultan comparativamente ligeras, por lo que se pudieron colocar en el centro de la cons-

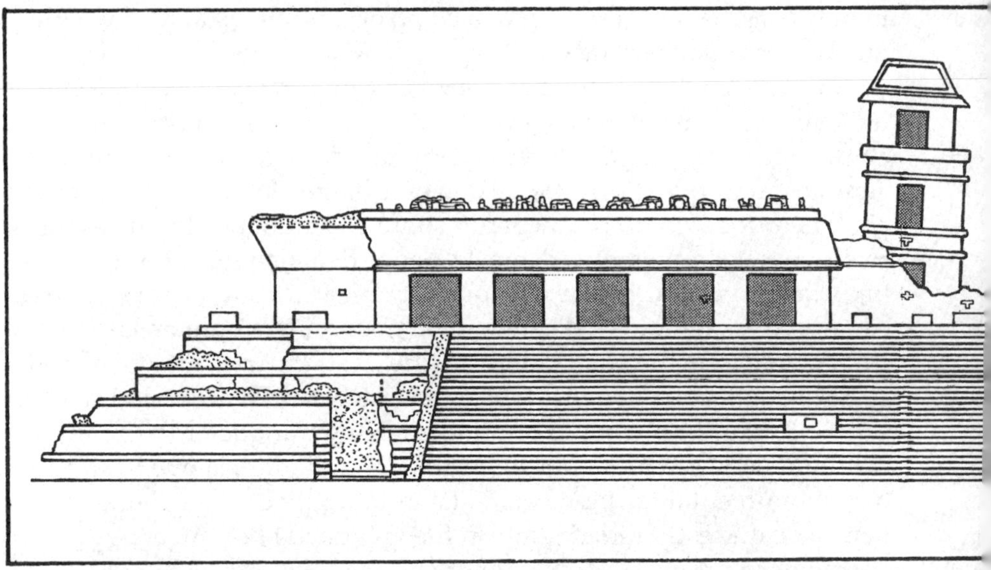

El Palacio de Palenque, Chipas, es un gran conjunto de edificios en los que se aprecian las características del estilo de esa ciudad: vanos amplios, que forman galerías; cesterías caladas y decoraciones de estuco.

trucción. La evidencia indica que estuvieron ornamentadas con estuco y policromadas, pero desafortunadamente hoy es imposible recuperar la mayoría de los diseños.

Se puede afirmar que la construcción más importante de Palenque fue la que hoy se conoce como "Palacio", pues la urbanización parece girar en torno a él y la evidencia indica que sufrió superposiciones y remodelaciones a lo largo de casi 400 años. En realidad se trata de un gran conjunto de edificios, casi todos con decoraciones en estuco que también estuvieron policromadas, ubicado sobre la gran plataforma de 10 metros de altura que ocupa el costado este de la Gran Plaza. Consta de cuatro patios, en torno a los cuales se levantan escaleras, corredores, galerías subterráneas, pasadizos, drenaje, basamentos escalonados, varias estructuras horizontales con habitaciones y una torre cuadrangular de 20 metros —que pudo servir como observatorio; si bien algunos arqueólogos opinan que en realidad se trata de un agregado de la época del virreynato.

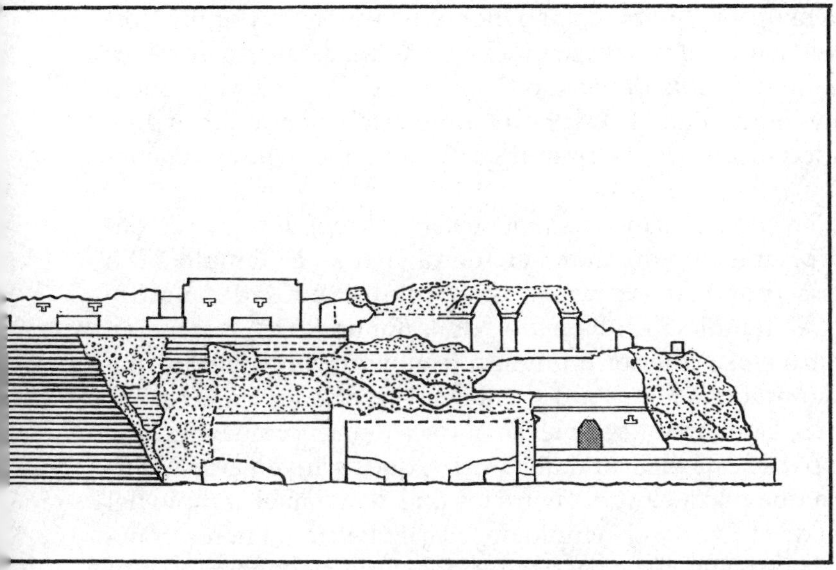

Al oeste de la Plaza está el Templo XI, que no ha sido explorado, y al sur aparece el Templo de las Inscripciones, el edificio palencano más famoso. Tiene cinco entradas —con un énfasis en la central, pues es más ancha— y los pilares de la fachada están decorados en estuco, con personajes que llevan niños en los brazos, en representación de linajes. Al cruzar el pórtico, llaman la atención dos grandes tableros completamente cubiertos por escritura, colocados a los lados de la puerta que lleva a la habitación central. Al fondo de ésta hay un tercer tablero jeroglífico y fue ahí donde el arqueólogo mexicano, Alberto Ruz Lhuillier, se interesó por unos agujeros disimulados en el piso, que sirvieron para levantar una losa. Bajo ella se encontró una escalera cubierta con bóveda maya, que había sido clausurada intencionalmente. Al final de los peldaños y un poco por debajo del nivel de la plaza, apareció la impresionante cámara de siete metros por casi cuatro, con el techo abovedado reforzado por cinco vigas de piedra y muros cubiertos con relieves de estuco que representan nueve figuras, seguramente los Señores de la Noche. Esta cámara cobijaba un enorme sarcófago monolítico cubierto por una sorprendente lápida, que tal vez sea la muestra más bella del arte maya. Al moverla, el equipo de Ruz descubrió el cadáver de un hombre, probablemente del gobernante Pakal, aunque sobre esto hay opiniones diferentes, rodeado por una de las ofrendas más ricas que se hayan encontrado.

Junto al Templo de las Inscripciones están tres templos que presentan el estilo típicamente palencano: el Templo XII-A; el Templo XII o "de la Calavera" (por un mascarón de estuco que está adosado a uno de los pilares); y el Templo XIII, llamado "de la Reina Roja", porque en 1994 se encontró en su interior un féretro recubierto con cinabrio, que tiñó de rojo la osamenta de una mujer enterrada, quien murió a los 35 a 45 años de edad, la madre que se piensa que sea del Señor de Palenque.

Por otra parte, está el Grupo de la Cruz, que incluye varios edificios en torno a una plaza elevada, entre los que destacan el Templo del Sol, el Templo de la Cruz y el Templo de la Cruz Foliada. Fueron construidos entre 683 y 692 y, si bien son parecidos, difieren en tamaño. Los tres santuarios tienen una galería de acceso y tres entradas decoradas con relieves de estuco; todos los techos son abovedados, con friso inclinado, decorado en estuco en el exterior, y presentan cresterías extraordinarias. El nombre de estos templos se deriva de grandes tableros formados por tres lápidas esculpidas adosadas a los muros posteriores, en dos de las cuales se pueden ver plantas cruciformes de maíz.

Hacia el norte del Palacio están el Juego de Pelota y el Edificio X, que todavía están en proceso de exploración. Muy cerca, se puede ver el Templo del Conde, bautizado así por el explorador francés, Freredck Waldeck. Todo indica que ésta es una de las construcciones más antiguas de la ciudad, con muros bastante gruesos y crujías que no llegan a los dos metros de ancho. En el interior del santuario hay paredes más delgadas que, al parecer, se anexaron posteriormente.

Falta mucho por explorar de Palenque y los trabajos continúan hasta la fecha, especialmente en el Grupo de la Cruz, en los Templos XIX y XX. En este último, se han descubierto dos diferentes métodos constructivos y evidencia de que la superposición no se completó. Además, se han encontrado al menos dos tumbas menores, cerámica, piezas de jade, y fragmentos de obsidiana.

Otra gran capital de esta región es Yaxchilán, Chiapas, que se levanta en una cerrada curva del Usumacinta. Su desarrollo se dio entre

En el edificio 33 de Yaxchilán, Chiapas, se aprecian algunas características arquitectónicas similares a las de Palenque, por ejemplo la imponente crestería calada que lo corona y que posiblemente estuvo recubierta con decoración en estuco.

los años 350 y 810, aunque al parecer inició su esplendor hacia principios del siglo V, bajo los gobiernos de *Cráneo Mahk'ina I* y de su hijo, *Cráneo Mahk'ina II* y es claro que dominó otras ciudades, ya que su emblema aparece en varios sitios cercanos. La arqueología muestra un periodo de inestabilidad hacia el año 600, que terminó unos 30 años después, con Pájaro Jaguar III. Lo sucedió su hijo, Escudo Jaguar I, iniciador de un periodo de expansión marcado por guerras frecuentes. Al parecer, a su muerte gobernó una de sus esposas por espacio de 10 años y fue su hijo, Pájaro Jaguar IV, quien consolidó la hegemonía y dio a la ciudad su aspecto definitivo. La última fecha registrada en Yaxchilán corresponde a 808, cuando probablemente gobernaba *Cráneo Mahk'ina III*.

Sin duda, lo más destacado en esta ciudad son sus maravillosos dinteles, que hablan de los linajes, tanto en ritos relacionados con la religión como en ceremonias civiles. Es decir, al igual que otras muestras artísticas mayas, sirvieron sobre todo como medios para legitimar a los gobernantes. Figuras lujosamente ataviadas de sacerdotes y mujeres fueron labradas con una maestría simplemente extraordinaria: las escenas se elevan del fondo para proyectar un delicado claroscuro y muestran una impresionante precisión en los detalles.

Se puede afirmar que el estilo arquitectónico de Yaxchilán es similar al de Palenque, ya que presenta techos ligeramente inclinados, recubrimientos de estuco, grandes cresterías caladas y un inteligente uso del paisaje para enmarcar los edificios; pero también se hace patente una influencia de Tikal, por ejemplo en la Estructura 18, que tiene esquinas remetidas. Uno de los emblemas de esta ciudad es la escalera cubierta de glifos, que conduce a la construcción conocida con el poco descriptivo nombre de "Estructura 5", sobre la que se ha especulado que pudo ser dique, altar, o muelle.

En la margen opuesta del río está Piedras Negras, la ciudad más importante del oeste de las Tierras Bajas de Guatemala. Alcanzó su máximo esplendor durante el Clásico Tardío y fue antagonista de Yaxchilán. Tiene dos grupos arquitectónicos principales, con templos, juegos de pelota y baños de vapor, que aquí son especialmente refinados. Se han encontrado evidencias de superposición, tanto en el Grupo Oeste, como en los baños de vapor y hasta la fecha se han localizado 84 grupos de montículos en la periferia cercana, que parecen corresponder a unidades habitacionales. El estilo arquitectónico de Piedras Negras es similar al de Tikal y, sin embargo, también muestra una influencia de Palenque.

Al norte del valle de Ocozingo, Chiapas, encontramos Toniná, importante rival de Palenque, cuyos templos y palacios se asientan sobre siete monumentales plataformas de piedra. Incluye una atractiva mezcla de estilos, que indica una ocupación muy larga y complejas relaciones con las distintas áreas mayas. Sus templos, de manera especial el del Monstruo de la Tierra, muestran características afines con el estilo palencano, en tanto el Palacio incluye cuatro grecas de piedra y serpientes emplumadas. No obstante, lo que más llama la atención en esta ciudad es su famoso friso de estuco, descubierto en 1990, en el que bandas de plumas y huesos forman triángulos y enmarcan figuras antropomorfas en actitudes dinámicas: una tuza, un esqueleto sosteniendo la cabeza de un decapitado, un individuo humeante, y otros elementos, como glifos.

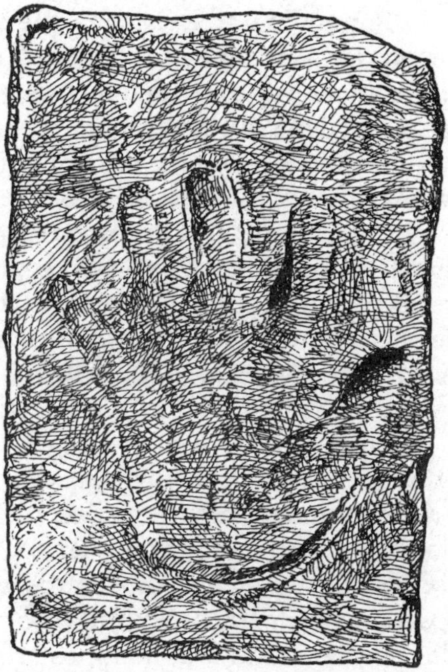

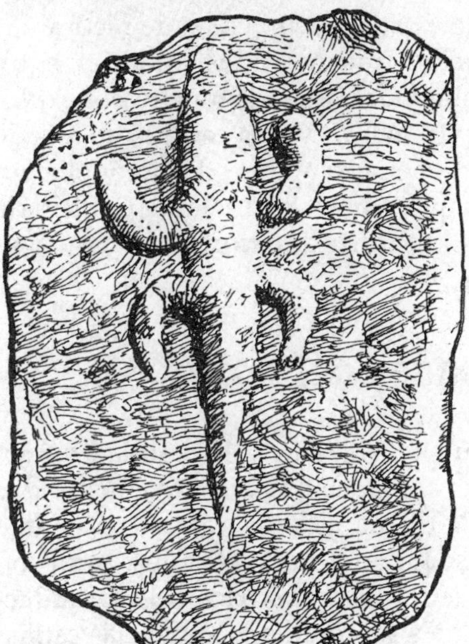

Los edificios de Comalcalco, Tabasco, constituyen un caso único dentro de la zona maya, ya que fueron construidos con ladrillos de barro cocido; muchos de ellos, decorados con temas del estilo de los tres de la muestra.

Por otra parte, en la zona que hoy corresponde a Tabasco, florecieron varios asentamientos mayas. Uno de ellos es Pomoná, ciudad de la que sabemos que dominó a otras, como Panhalé y Chinikihá, pues su glifo emblema se puede encontrar en ellas. La conforman seis conjuntos arquitectónicos, aunque tan solo se ha explorado uno, conformado por trece edificios, doce de los cuales rodean una plaza rectangular.

Por último, en el límite occidental de la zona maya, en ese mismo estado, sobre un promontorio cercano al río Seco, se encuentra Comalcalco. Esta ubicación le brindó un control estratégico del comercio, que se puede comprobar por la abundancia de materiales y productos externos a la región. El asentamiento más antiguo corresponde al Preclásico y hacia el 500 d.C. se inició la construcción monumental con ladrillo.

Precisamente es el uso de ladrillos lo que convierte a Comalcalco en un sitio único dentro de la zona maya. Fueron fabricados con barro cocido y muchos presentan decoración, que va desde trazos muy sencillos hasta complejos diseños en alto y bajo relieve; algunos se encontraron dispuestos en el suelo y otros, a manera de tapicería sobre los muros. Para unirlos se usó mortero de cal que se obtenía de conchas, lo que dio por resultado una mampostería de calidad extraordinaria. Así, se pudieron levantar edificios similares a los de otros centros mayas del Clásico, a pesar de que en el área no existen yacimientos de piedra.

La Cuenca del Usumacinta incluye muchas otras ciudades, entre las que destacan Bonampak, de la que todavía queda mucho por explorar. La Gran Plaza mide unos 90 X 110 metros y está cerrada en tres de sus lados por plataformas bajas. En el cuarto aparece la Acrópolis, un conjunto de ocho templos entre los que sobresale el célebre Edificio de las Pinturas, con evidencia de construcciones anteriores bajo las terrazas que la constituyen.

Las extraordinarias ciudades del Norte

Durante un tiempo se consideró que la zona Norte en realidad fue un "segundo imperio maya" y que sus ciudades habían sido construidas por quienes emigraron tras la caída de las grandes capitales del área central, sin embargo, actualmente se ha desechado esa idea. Aquí son menos cuantiosas las inscripciones jeroglíficas, pero los sitios arquitectónicos son increíblemente abundantes y presentan diferencias estilísticas, por lo que también se ha dividido en subregiones.

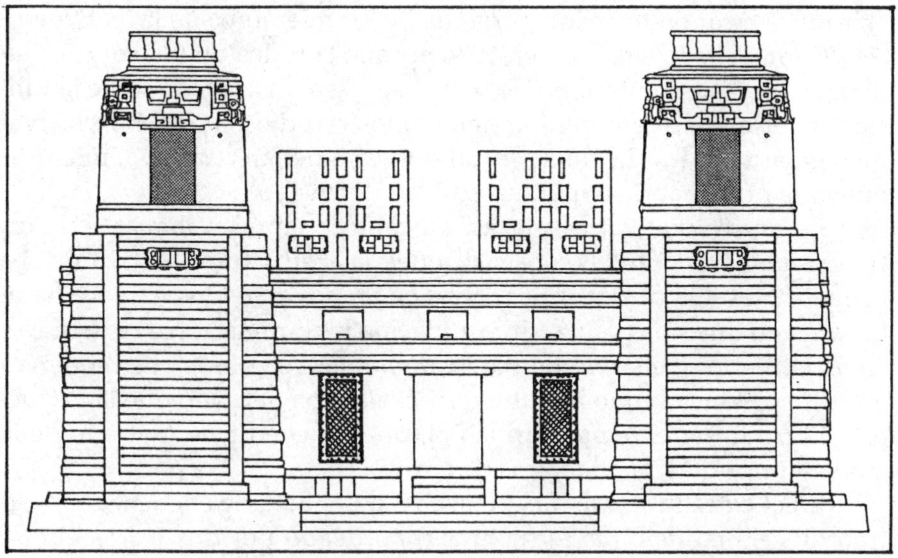

El templo I de Río Bec, Campeche, reúne los rasgos más importantes del estilo de esta región: paneles con motivos geométricos y altas torres en los extremos de la construcción.

El estilo Río Bec

Se localiza en el sur del estado de Campeche y una pequeña parte de Quintana Roo. Debe su nombre a que a principios del siglo XX, el explorador Maurice de Perigní visitó unas ruinas de esta región y las bautizó como "Rio Becque", en un afrancesamiento de la palabra maya bec, "roble". Actualmente se le conoce como Río Bec e incluye más de 10 grupos arquitectónicos un tanto dispersos, construidos sobre un terreno irregular. El edificio más representativo es la Estructura I del Grupo B, con cresterías caladas, paneles remetidos decorados con diseños geométricos y dos torres en ambos extremos. Éstas son parecidas a los grandes templos del Petén, pero el ángulo es más cerrado, las escaleras resultan impracticables y no se puede entrar a los santuarios.

En la zona se han registrado más de 50 sitios arqueológicos y los vestigios indican que Becán, erigida entre los siglos VII y IX, fue la capital regional. Como sucede con la mayoría de las ciudades mayas, el nombre con el que la conocemos no es el original. La palabra *becán* significa "barranca o cañón formado por agua" y los miembros de la 3a Expedición Campeche lo eligieron en 1934 porque la rodea un foso que, en su tiempo, tuvo siete entradas. No se ha llegado a un acuerdo sobre la función de esta zanja: en opinión de algunos estudiosos sirvió exclusivamente para separar la zona central del resto del área urbana, mientras que para otros habría tenido un empleo defensivo.

Becán incluye varias plazas. La central, también llamada "Plaza B", contiene tres grandes construcciones: las Estructuras VIII, IX y X. La primera presenta dos enormes torres en ambos extremos y nueve habitaciones en una sola planta, sin ventilación ni iluminación, por lo que se ha especulado que sirvieron para ceremonias religiosas que requerían oscuridad, como ayunos o autosacrificios. Se ha pensado que la Estructura IX pudo ser el templo principal, pues es el edificio más alto de la ciudad: poco más de 30 metros de altura.

En el extremo norte de la Plaza A, o del Este, se encuentra un extraordinario edificio (la Estructura I) bordeado por dos torres que se elevan casi 15 metros; se apoya en un palacio de dos pisos que no es visible desde la plaza, pues su acceso es por el sur. Junto a él, al poniente, aparece la Estructura II y, en el lado opuesto, destaca un altar circular colocado frente a la escalinata de otro edificio con habitaciones en dos niveles. En tanto, el extremo norte presenta la Estructura IV, que ostenta adornos zoomorfos de mosaico de piedra, esquinas redondeadas y una amplia escalera que lleva a un patio más elevado, en el que están los restos de lo que seguramente fue un complejo habitacional de elite. La Plaza poniente incluye los restos de un Juego de Pelota y otros edificios.

Las ciudades de Chicanná, Xpuhil y Hormiguero, en Campeche, también forman parte de la Región Río Bec. Chicanná, descubierta en 1966, fue contemporánea de Becán y presenta cuatro grupos de edificios de menor tamaño, pero de gran elegancia. Varios de ellos lucen fachadas escultóricas, con motivos geométricos, mascarones y puertas que figuran fauces abiertas; por algo su nombre significa "casa de colmillos de serpiente". En Xpuhil sobresale la Estructura I, pues es una construcción horizontal que incluye una torre en la parte trasera y otras dos en los extremos, así como evidencia de profusa decoración en torno a las puertas. Por otra parte, en Hormiguero también se pueden apreciar mascarones que rodean los accesos, reproducciones de la choza tradicional maya y torres con esquinas redondeadas y escaleras impracticables.

Al revisar los vestigios se puede concluir que la arquitectura Río Bec se caracteriza por la ausencia de templos altos y predominio de edificios horizontales. Las fachadas están divididas en tres partes y con frecuencia incluyen grandes mascarones zoomorfos en torno a las entradas principales, y partes de ellos sobre las secundarias. También abundan los muros con cornisas dentadas, cubiertos por esculturas de estuco en el tramo central, así como esquinas con mascarones apilados, que probablemente representen al dios *Chaac*. Sin embargo, estas particularidades no son exclusivas del área, dado que también se pueden ver en otras regiones.

Los tableros hundidos en los muros, con cuadrículas, cruces o serpientes son rasgos exclusivos de Río Bec. Pero, sobre todo, esta región se distingue por la presencia de torres escalonadas —con pendiente muy pronunciada, escaleras impracticables y esquinas redondeadas— cuya función es simbólica o decorativa y se asocian a construcciones horizontales. Sobre ellas aparecen santuarios simulados, con un remetido que imita la puerta, coronados por cresterías caladas. Normalmente se construyeron dos, aunque ocasionalmente llega a haber tres, invariablemente colocados simétricamente, ya sea en torno a un cuarto central, o hacia los extremos y el fondo del edificio.

El estilo Chenes

Esta zona toma su nombre de la palabra *chen*, que en maya yucateco significa "pozo". Se localiza al noreste de Campeche y abarca una pequeña porción de Yucatán, es decir, está separada de la región Río Bec por una zona de transición con pocos restos arqueológicos.

Varios especialistas consideran que la zona Chenes forma una única región con la Río Bec en tanto que, para otros, muestra suficientes rasgos distintivos, como para separarla. Si bien las fachadas también suelen estar divididas en tres secciones y aparecen cresterías caladas, mascarones en las esquinas, muros con piedras salientes y máscaras zoomorfas alrededor de las puertas y en parte de los frisos, el hecho es que aquí no se encuentran torres simuladas y, en cambio, aparecen estructuras horizontales, normalmente de una planta, con construcciones piramidales superpuestas, que presentan escaleras practicables y santuarios a los que se accede a través de puertas, que generalmente se conocen como "palacio-pirámide".

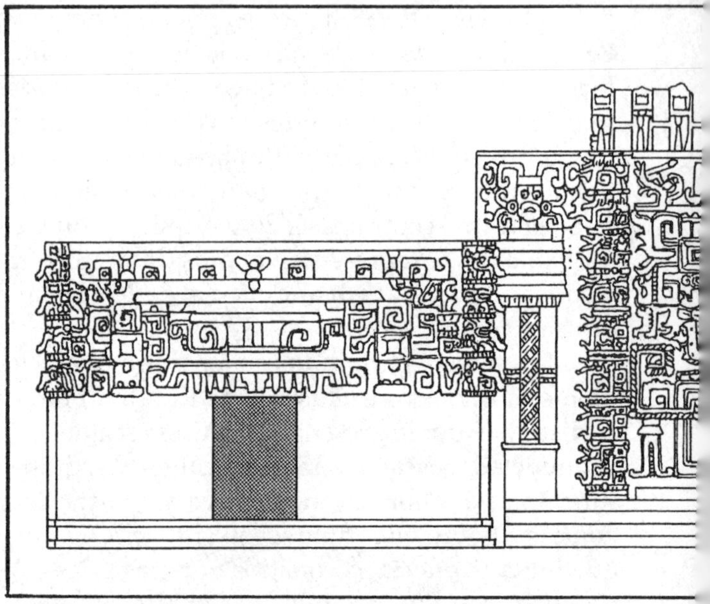

La principal característica de los edificios Chenes es la presencia de imponentes mascarones zoomorfos en torno a los vanos, que dan la impresión de permitir por su boca la entrada a otra realidad; un excelente ejemplo es la Estructura II de Hochob, Campeche.

Hasta hoy se han identificado unos 30 sitios en la región, entre los que se encuentra Hochob, pequeña ciudad construida sobre una colina. Sus estructuras están distribuidas en tres plazas; en la principal está el que, tal vez, sea el edificio más representativo del estilo Chenes: el Palacio del Este —Estructura I— cuya fachada está dividida en tres secciones. La central se levanta sobre una plataforma escalonada y su crestería presenta restos de figuras humanas en estuco. Un gran mascarón zoomorfo rodea la puerta; está bordeado por hileras verticales de mascarones, y en las esquinas se aprecian pilastras con bustos de estuco, rematados por celosías que representan chozas estilizadas. Este cuerpo central establece un extraordinario equilibrio estético con los cuerpos laterales que son bajos y con sencillas fachadas molduradas.

No obstante, en términos generales se considera que la ciudad más importante de la zona es Santa Rosa Xtampak, en Campeche, cerca de la frontera con Yucatán. La calidad y tamaño de sus vestigios indica que tuvo predominio en la región a partir del siglo VII y decayó hacia el año 900 de nuestra era. Sus edificios fueron construidos entre la última etapa del Preclásico y el Clásico Tardío y, afortunadamente, el estado de conservación es bastante bueno.

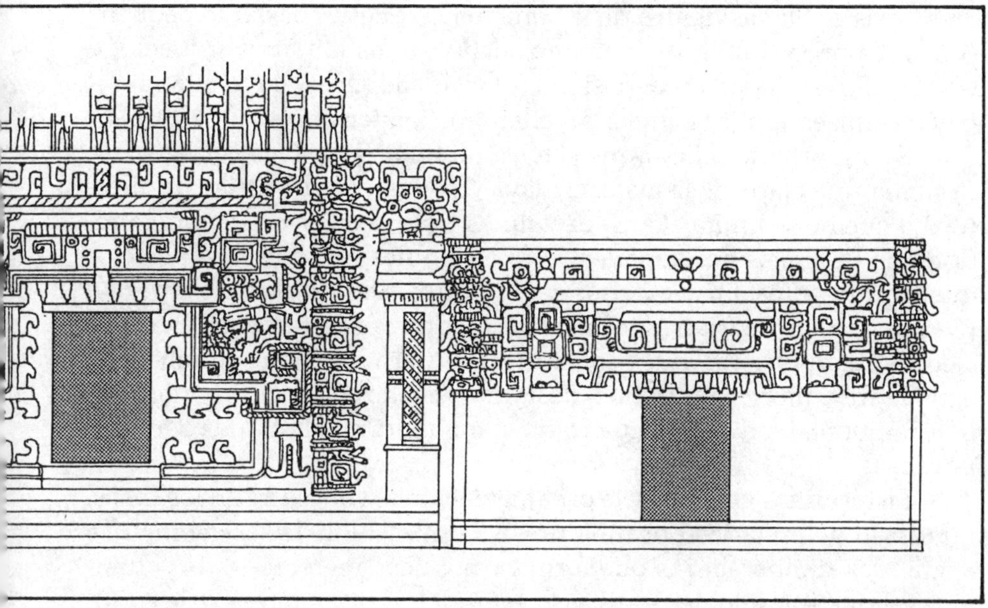

La ciudad se levanta sobre una colina natural, cuya cima fue nivelada. Incluye varias plazas y patios intercomunicados, una amplia calzada, un imponente altar y varios chultunes. Entre sus edificios destaca el Palacio, que está coronado en su cara oriente por tres templos-pirámide y presenta 44 habitaciones distribuidas en tres pisos cada vez más pequeños. Incluye cuatro escaleras exteriores y dos interiores, que comunican los tres niveles y son únicas en el área.

La fachada del edificio Boca de Serpiente es típica del estilo Chenes, pues representa a un monstruo con las piernas flexionadas, cuyo enorme hocico abierto constituye la entrada —como una cueva que da acceso a la tierra. También incluye series de tres tamborcillos en la parte superior de algunas habitaciones.

El estilo Puuc

La palabra maya yucateca *Puuc* significa "colina" o "conjunto de colinas" y en principio se refiere a una región del estado de Yucatán y parte de Campeche, que presenta elevaciones naturales de poca altura, suelo fértil y abundancia de roca calcárea. Con seguridad ésta fue una de las áreas más pobladas dentro de la zona maya, pues es bastante pequeña (unos 80 por 35 Km.) y, sin embargo, incluye unos 150 sitios arqueológicos. En ellos abundan los depósitos artificiales de agua —los chultunes—, cuya forma es similar a una gran olla y son subterráneos.

Es importante aclarar que el término Puuc también se utiliza para designar una etapa de la historia maya y, sobre todo, un estilo arquitectónico que no se limita al área de colinas. Éste se caracteriza por el predominio de líneas horizontales, lo que significa que hay más palacios que templos altos. En el exterior de los muros y las bóvedas se aprecian piedras extraordinariamente bien labradas que penetran poco en el núcleo de mampostería, pues constituyen un armazón que se rellenaba con piedra y mortero. También destaca el uso de columnas monolíticas o de tambores, con capitel cuadrado, para dividir las entradas o formar pórticos.

En términos generales, la ornamentación se concentra en los frisos, que están delimitados por molduras y cornisas. Puede ser geométrica —grandes rompecabezas que forman mosaicos y grecas—, de columnillas —que son sólo decorativas y recuerdan al bajareque— o de escultura empotrada —especialmente mascarones de un dios de larga nariz, que para muchos especialistas representa a *Chaac*, el dios de la lluvia. Este estilo, que Jacques Soustelle califica como *"obra maestra barroca de una originalidad exquisita"*, encuentra su más espléndida expresión en la más antigua y ciertamente más famosa de las ciudades Puuc: Uxmal, en el actual estado de Yucatán.

La evidencia arqueológica indica que la primera ocupación de la zona inició a partir del 800 a.C y unos 400 años más tarde ya se había establecido una jerarquía gobernante que realizó la arquitectura monumental. Para el 900 d.C. —con la dinastía *Chak*— se convirtió en una de las ciudades mayas más importantes, aunque al parecer la población se marchó hacia el 1,000 d.C, por causas que todavía no están claras. Unos 100 años más tarde, la ocupó un grupo llamado *tutul-xiu*, de origen chontal, probablemente con ligas toltecas, que introdujo nuevos elementos culturales, entre los que destaca el culto a la serpiente emplumada. Hacia 1450, Uxmal fue abandonada definitivamente.

Esta ciudad sigue un eje aproximado norte sur, aunque el elemento decisivo en la ubicación de los edificios principales parece haber sido la observación, ya que suelen estar orientados a fenómenos astronómicos, como la trayectoria de Venus. Dada la colocación del frente de las cons-

El Templo del Adivino de Uxmal, Yucatán, en la zona Puuc, sintetiza varios estilos arquitectónicos mayas. Esto, aunado a su altura y a su insólita planta elíptica, lo convierte en uno de los más originales y bellos del área maya.

trucciones, no parece que haya habido una Gran Plaza, pero sí una zona central muy amplia.

Si bien algunos especialistas sugieren que la entrada principal debió estar al norte, no existe acuerdo sobre el punto y actualmente el acceso a la zona arqueológica se hace por el este. Lo primero que ve el visitante es uno de los edificios mayas más originales, el llamado "Templo o Pirámide del Adivino", que mide unos 35 metros de altura. Dado que su base es elíptica, se asemeja a dos conos truncados superpuestos —uno mayor que el otro— coronados por una plataforma cuadrangular. El santuario superior presenta un zócalo de columnillas, paneles de rombos y cruces, serpientes emplumadas y esculturas en el friso, es decir, elementos típicos del Puuc mezclados con algunos de Río Bec y otros

El Gran Palacio de Sayil, Yucatán, es una de las construcciones horizontales mayas más impresionantes e incluye los elementos característicos del estilo Puuc: mampostería de maravilloso labrado, columnas que separan los vanos y decoración geométrica y con atados de columnillas

toltecas. Además, cuenta con dos escaleras de pendiente muy acentuada y otro santuario en el segundo cuerpo, que es de estilo Chenes, con un gran rostro sobre la puerta que representa a *Chaac* o a *Itzamná*, y siete mascarones en cada una de sus esquinas.

En este templo se han descubierto varias superposiciones. El edificio más antiguo parece corresponder al siglo VI y es el que se puede ver a los lados de la escalera occidental, con cuatro vanos y fachada decorada con grupos de tres columnillas que alternan con muros lisos.

Al oeste del Templo del Adivino está el que los españoles llamaron "Cuadrángulo de las Monjas", por su parecido con algunos conventos femeninos. Es un patio rodeado por palacios apenas separados unos de otros, que se orientan a los puntos cardinales. El acceso principal es un ancho vano techado, por supuesto en bóveda de piedra salediza, en el centro del Edificio Sur.

Los cuatro edificios que lo componen tienen muros lisos y frisos decorados, en los que se puede admirar mosaico geométrico de piedra,

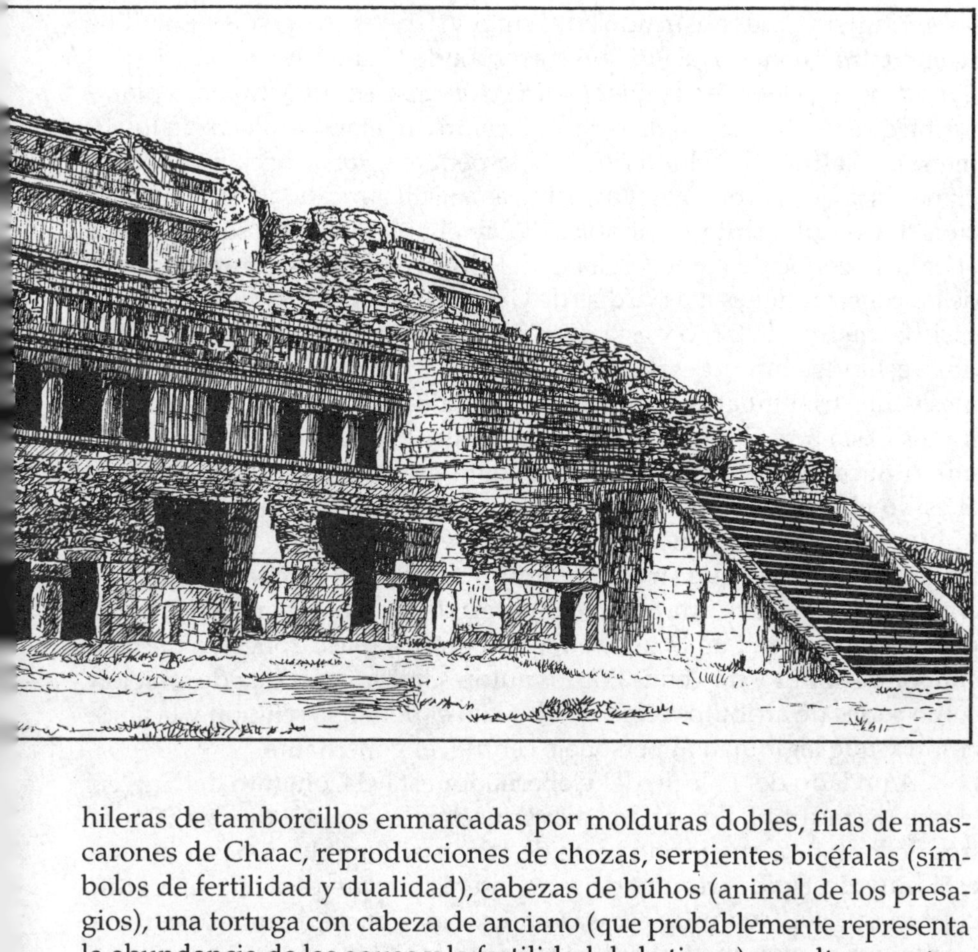

hileras de tamborcillos enmarcadas por molduras dobles, filas de mascarones de Chaac, reproducciones de chozas, serpientes bicéfalas (símbolos de fertilidad y dualidad), cabezas de búhos (animal de los presagios), una tortuga con cabeza de anciano (que probablemente representa la abundancia de las aguas y la fertilidad de la tierra), esculturas antropomorfas y serpientes emplumadas con un rostro humano emergiendo de sus fauces (claramente de influencia tolteca).

El conjunto provoca una profunda sensación de armonía y orden. Esto se debe a las proporciones de los edificios y a las alturas de las terrazas, que siguen un movimiento ascendente. El edificio sur es el más bajo; los este y oeste se elevan dos metros, y el del norte casi cinco. Además, la perspectiva engaña al ojo, pues el patio da la impresión de ser cuadrado, pero en realidad es trapezoidal, con el lado más corto al fondo.

Hacia el sur del Cuadrángulo de la Monjas está el único Juego de Pelota que se ha encontrado en Uxmal. Sus muros son sumamente altos y seguramente fue construido en el siglo VII, pues en uno de sus anillos se encontró una inscripción que corresponde al año 649.

Poco más lejos, en la misma dirección, aparece una inmensa plataforma de casi 180 metros de lado, con cuatro niveles que alcanzan los 16 metros de altura. En el inferior está la pequeña construcción conocida como Casa de las Tortugas, cuyas líneas sencillas y calidad de construcción son simplemente admirables. Sobre el nivel superior se encuentra el palacio conocido como "Palacio del Gobernador", seguramente una de las construcciones más tardías de Uxmal (principios del siglo X). Mide casi 100 metros de largo y está dividido en tres secciones separadas por dos vestíbulos interiores, cuyas puertas interrumpen el friso con enormes vanos triangulares, los ejemplos más altos de bóveda maya encontrados hasta hoy. El ancho de los muros entre los vanos varía, siguiendo una rítmica simetría extraordinariamente precisa, que puede recordar el estilo hindú. La decoración del friso gira en torno a un motivo central: una figura antropomorfa —hoy sin cabeza ni manos—, sentada sobre un trono curvo, al que sirven de fondo serpientes de cuerpo recto. A ambos lados, y sobre una base geométrica de rombos, aparece una composición en zig-zag en la que se repiten grecas, mascarones de *Chaac* y símbolos solares y de Venus. Varios autores interpretan esta decoración como series de atributos relacionados con el poder, la religión y la agricultura, que legitiman al personaje central, el gobernante.

A un lado del Palacio del Gobernador está el Conjunto del Sur, en el que destaca El Palomar, una construcción horizontal de casi 80 metros de longitud, que formó parte de otro cuadrángulo. A pesar de que está muy destruido, resulta de gran interés porque presenta una gran crestería y éstas son muy escasas en Uxmal. Consta de una base recta calada que recorre todo el edificio, y grandes triángulos también calados, que seguramente sostuvieron decoración en estuco y que, en opinión de varios arqueoastrónomos, sirvieron para la observación del cielo.

El número, tamaño y calidad de los vestigios de Uxmal es verdaderamente impresionante. Nos indican que esta ciudad fue el centro dominante de la región durante el Clásico Tardío, con un predominio sobre las urbes cercanas, todas construidas en estilo Puuc. Entre ellas está Kabáh, que incluye tres grupos arquitectónicos: el de las Grecas, el de la Gran Pirámide y el Principal, del que forma parte el extraordinario edificio llamado *Codz Pop*, en el que se encontró una fecha que corresponde al año 879. Mide unos 45 metros de largo, los muros inferiores de su fachada están cubiertos por 260 mascarones superpuestos de *Chaac* y tuvo una crestería de la que únicamente quedan restos calados. El grado de dificultad que presentó la fabricación de esta fachada es impresionante, pues cada mascarón está compuesto por 19 bloques de piedra acomodados como rompecabezas, de tal modo que cualquier imperfección en el tallado hubiera hecho imposible el montaje.

La cercana Sayil debe su fama al Gran Palacio, que incluye tres pisos escalonados y una ancha escalera frontal. El cuerpo intermedio es el más interesante: las entradas a las habitaciones principales son pórticos divididos por columnas redondas, con capiteles cuadrados, separados por muros cubiertos con columnillas anilladas que simulan un atado. En la parte inferior del friso se pueden ver pequeños cilindros de piedra entre dos molduras, sobre los que aparecen más columnillas decorativas, alternadas con mascarones de *Chaac*, serpientes con el hocico abierto y representaciones de una deidad descendente, que aparece vista de espaldas y con las piernas flexionadas.

Por su parte, Labná presenta dos conjuntos: el del Palacio y el del Mirador, que se comunican por un camino o *sacbé* de siete metros de ancho. En el segundo destaca el extraordinario Arco de seis metros de altura, que en opinión del mayista Paul Gendrop "*encarna un concepto arquitectónico único en la región y completamente revolucionario para el mundo Clásico maya*". Sucede que no forma parte de un edificio, sino que fue el punto de unión entre dos conjuntos.

También muy cercana, pero menos conocida que las anteriores, y por lo tanto menos explorada, encontramos a Chacmultún. Hasta la fecha se han descubierto tres grupos arquitectónicos, para cuya construcción se aprovechó la forma de las colinas. Destaca el edificio *Cabal Pak*, del que solamente se puede ver el primer piso, típico del Puuc.

A pocos kilómetros de la Ciudad de Campeche, en el límite del área de colinas, está Edzná. Si bien sus edificios más antiguos son similares a los del Petén —como el Templo del Sur, que presenta esquinas remetidas—, en ella también se pueden encontrar otros estilos. Por ejemplo, en el Patio Puuc hay decoraciones geométricas y representaciones de *Chaac*. Seguramente su construcción más importante es el Edificio de los Cinco Pisos, que cubre a otra más antigua, y se podría describir como "palacios-templo". Incluye cuatro niveles horizontales, cuyos techos conforman la terraza del inmediatamente superior, y en el quinto hay un templo.

Uno de los edificios más importantes de Chichén Itzá, Yucatán, es el llamado "Caracol", que al parecer se construyó expresamente como observatorio; su nombre se debe a la imponente escalera interna que lleva a la cámara superior.

Ligeramente fuera de la zona de colinas, en el norte de Yucatán, encontramos a Chichén Itzá, que es famosa por sus vestigios más tardíos; sin embargo, la arquitectura de su primer periodo indudablemente es Puuc. En las construcciones llamadas Casa de las Monjas, Anexo, Iglesia y Templo de los Tres Dinteles, se aprecian grecas, paneles geométricos entre molduras y mascarones de *Chaac*. De hecho, para muchos especialistas, en el Templo de los Tres Dinteles se puede observar este estilo en su forma más pura.

Todavía no hay un acuerdo sobre la época de la construcción del edificio conocido como Observatorio o Caracol. Sin embargo, al menos el primer cuerpo parece pertenecer al Puuc, ya que presenta frisos limitados por cornisas salientes. Esta estructura, de planta francamente insólita en la arquitectura maya, está colocada sobre un basamento que se levanta sobre una gran terraza y consta de tres cuerpos cilíndricos concéntricos. En el primer nivel presenta cuatro vanos dirigidos a los puntos cardinales y un pasillo interior en espiral, que lleva a la cámara superior. En la sección más alta, que para muchos especialistas corresponde a la etapa tolteca, todavía se pueden ver tres troneras, que al parecer coinciden exactamente con el sur, el oeste, la puesta de la luna el 21 de marzo y los equinoccios, lo que ha llevado a suponer que fuera construido expresamente para observatorio, algo que, sin embargo, sigue en discusión.

Al revisar estas ciudades, indiscutiblemente se encuentran variaciones. De hecho, en el estilo Puuc se pueden distinguir tres etapas: la primera (siglo VII), se aprecia en Edzná y en los edificios más antiguos de Uxmal, Kabáh, Sayil y Chichén Viejo; presenta vanos estrechos, decoración menos abundante y cresterías sobre el muro central o como prolongación de la fachada. La segunda (siglos VIII y IX) encuentra su máxima expresión en los palacios de Uxmal; se distingue por la desaparición de las cresterías y, especialmente, por la decoración en los frisos. En la última (siglo X) hay una evidente inclusión de elementos toltecas.

El Posclásico maya

Tanto la Relación de Landa, como los *Libros del Chilam Balam*, indican que hacia finales del siglo X llegaron a la península de Yucatán grupos de la costa del Golfo. Los *tutul xiu* se establecieron en Uxmal y los *itzáes*, en Chichén Itzá, ambos de extracción chontal. Por el mismo tiempo, en el norte de Yucatán se instalaron los toltecas, de procedencia nahua, capitaneados por *Kukulcán* —nombre maya para Quetzalcóatl, la serpiente emplumada.

Ciertamente, la expresión artística de este tiempo muestra un viraje en la historia maya y cambios profundos en el sistema de creencias. Se mantuvieron formas antiguas y comenzaron a operar principios nuevos; la mayoría de las ciudades Puuc, por ejemplo, conservaron sus fisonomías, pero se agregaron personajes con armas y vestuario no mayas, además de símbolos religiosos, como la serpiente emplumada. Otros sitios se transformaron de manera mucho más radical. Varios investigadores, como Alfonso Arellano, María Walburga y Forster Wieshen, opinan que esta fue una etapa imperialista, en la que por primera vez se dio una hegemonía en la región.

El estilo Maya Tolteca en el norte de Yucatán

Indudablemente Chichén Itzá es la ciudad maya que muestra con mayor claridad el cambio de las tendencias. Al parecer el área comenzó a poblarse a principios del siglo III d.C., en torno al cenote Xtoloc; hacia el año 500 se levantaron los primeros edificios estilo Puuc; a finales del Clásico la controlaron los *itzáes*, y para finales del siglo X, cuando se convirtió en el centro hegemónico del norte de Yucatán y la costa oriental, la tomaron los toltecas. Unos doscientos años más tarde fue conquistada por Mayapán.

Los vestigios confirman la mezcla cultural y se nota a primera vista que es distinta de las ciudades clásicas mayas. Por ejemplo, los edificios no se agrupan en acrópolis o cuadrángulos, sino que se distribuyen en explanadas muy amplias y, de hecho, se puede decir que toda la urbe es una gran plataforma con más de 70 *sacbés*, muchos de ellos asociados a santuarios.

El templo de Kukulcán —o Castillo, como lo llamaron los españoles— parece ocupar el sitio central. Se trata de un basamento cuadrado de nueve cuerpos, que mide 55 metros de lado y 30 de altura. Este edificio cubre otro anterior, probablemente construido a finales del siglo X, en el que se encontraron piezas verdaderamente excepcionales, como un trono en forma de jaguar con incrustaciones de jade.

Uno de los rasgos más destacados de este templo es que presenta cuatro rampas, una en cada lado, en un ángulo de casi 45°. Incluye referencias claras a la cuenta del tiempo: cada una de sus cuatro escaleras cuenta con 91 peldaños; es decir, si se incluye el acceso al santuario, hay un total de 365 escalones, los días del año solar. Por otra parte, los nueve cuerpos muestran una relación con el Inframundo, pero al estar divididos por las rampas, también representan los 18 meses del calendario. Por último, las fachadas cuentan con 52 tableros, los años de que se compone el ciclo calendárico. Sin embargo, lo que más ha llamado la atención es el profundo conocimiento astronómico con que se planeó este edificio: durante los equinoccios se forman siete triángulos de luz en la alfarda derecha de la escalera norte, y el fenómeno culmina con la

Uno de los monumentos más sobresalientes del estilo Maya-Tolteca es El Castillo de Chichén Itzá.

iluminación de la enorme cabeza de serpiente emplumada que corona la base.

Hacia el norte del Castillo arranca el *sacbé 1*, que lleva a uno de los puntos con mayor significado religioso de Chichén Itzá: el Cenote Sagrado, pues fue sitio de peregrinación mucho tiempo después de la decadencia de la ciudad. También se le llama de los Sacrificios porque en él se encontraron restos que evidencian sacrificios humanos, así como objetos de oro, plata, jade cerámica, ámbar, cristal y piedra, que claramente sirvieron como ofrenda. Cabe resaltar que según las leyendas se inmolaban doncellas en honor de *Chaac*, pero se han sacado huesos de hombres, mujeres y, sobre todo, niños, casi todos con el cráneo deformado, índice de alta jerarquía.

Al otro lado del Castillo se encuentran dos Plataformas llamadas "de Venus" y "de las Águilas y los Jaguares", por los tableros que decoran sus fachadas. El tamaño de la segunda es menor, pero ambas cuentan con cuatro escaleras, serpientes emplumadas y paramentos en tablero-talud, clara herencia del altiplano central. Muy cerca de ellas está el *Tzompantli* —vocablo náhuatl que significa "fila de cabelleras"—, una estructura cuadrangular decorada con calaveras de piedra que estuvieron recubiertas de estuco, y que en su parte superior tuvo estacas para colocar los cráneos de sacrificados, tributo al Señor del Inframundo.

El *Tzompantli* precede al Juego de Pelota de mayor tamaño en toda Mesoamérica, encontrado hasta hoy (180 X 75 m). Consta de dos basamentos en talud, adornados con extraordinarios bajorrelieves relacionados con el juego, la muerte, la fertilidad, la guerra y el cosmos, y en los extremos se cierra con los Templos Norte y Sur, por lo que su forma es de doble "T". Sobre el basamento oriental se construyó el Templo de los Jaguares, cuyo acceso está dividido por dos columnas cilíndricas en forma de serpiente. Es importante destacar que ni la forma de la cancha ni ese tipo de columnas se habían usado antes en la zona maya.

Sin embargo, donde se muestra con mayor claridad la amalgama tolteca-maya es en el Templo de los Guerreros, que cubre a otro más antiguo. Su planta es prácticamente igual a la del Templo de la Estrella de la Mañana de Tula: está precedido por una galería de columnas, que alguna vez estuvo techada, y los cuatro cuerpos de su basamento se construyeron con el sistema tablero-talud. La amplia escalinata central está bordeada por alfardas, de las que sobresalen cabezas de serpiente, y está rematada por esculturas portaestandartes —otra novedad en la zona maya. Al subir, se llega al *Chac Mool*, escultura que representa a un hombre con la cabeza vuelta, apoyado sobre los codos y con las piernas flexionadas, que sostiene un plato para ofrendas sobre su vientre.

Tras el *Chac Mool* se encuentra la entrada del santuario, con tres vanos divididos por dos columnas de serpientes, y muros en los que alternan mascarones del dios de las aguas con esculturas de serpientes emplumadas y aladas, de cuyas fauces emerge un rostro humano, muy similar al del Hombre-Pájaro-Serpiente tolteca. El recinto interior ha perdido su techo, pero todavía se pueden apreciar el altar del fondo, sostenido por tres atlantes, y las columnas de sección cuadrada y esculpidas con guerreros.

Al sur del Templo de los Guerreros se encuentra otra enorme galería, que también estuvo techada, pero de la que hoy solamente quedan los pilares, y que se prolonga en el conjunto conocido como las Mil Columnas —aunque no llega a ese número. Al centro del ala este está el Templo de las Columnas Esculpidas y, tras él, un Juego de Pelota pequeño y un baño de vapor. Hacia el sur, la columnata forma un vestíbulo con un pórtico, donde se encuentra el llamado "Mercado".

Por otra parte, en dos de los cuatro cuerpos del basamento del Templo de las Mesas, vecino del de los Guerreros, aparecen relieves de guerreros y dignatarios. Recientemente se recuperaron en él frisos labrados con jaguares y serpientes emplumadas, restos de pintura mural en la bóveda y pilastras policromas con relieves, así como residuos de estuco e incrustaciones de concha y evidencia de superposición.

Esta ciudad ha sido intensamente estudiada y constantemente se hacen nuevos descubrimientos. Por ejemplo, el Proyecto Chichén Itzá arrojó nuevas luces sobre los templos Xtoloc, de los Falos, de los Búhos, de las Caritas y, de manera especial, sobre el Grupo del Osario. El templo principal de este último, también conocido como Tumba del Gran Sacerdote, es casi una réplica en pequeño del Castillo, aunque con sólo siete cuerpos y decoración más rica. A pesar de que estaba en muy malas condiciones, se ha logrado recuperar gran parte del diseño, que incluye diferentes clases de serpientes, pájaros, figuras antropomorfas, mascarones narigudos, hombres-pájaro-serpiente, inscripciones y otros motivos menores.

Adicionalmente, en la parte alta del Osario se encontró el acceso a un pozo de más de 20 metros de profundidad, que se ha interpretado como acceso al Inframundo o el recuerdo del origen de la cueva. Presenta varios entierros, salientes para facilitar la bajada y una amplia cavidad en el fondo. El material del núcleo corresponde al Clásico Temprano, pero se han encontrado evidencias de que continuó en uso después la caída de la ciudad.

No obstante la grandiosidad de Chichén Itzá, que es claro reflejo de su enorme poder, en el siglo XIII terminó su hegemonía. Muchos de sus habitantes emigraron entonces hacia el lago Petén Itzá, donde fundaron Tayasal, uno de los últimos bastiones indígenas en rendirse a los españoles.

El poder se movió entonces hacia Mayapán, al parecer la última gran capital maya, gobernada por la familia *Cocom*. La mayoría de los escritos antiguos hablan de esta ciudad, aunque no siempre concuerdan con la arqueología. Muchos expertos afirman que su construcción es posterior al esplendor de Chichén Itzá y creen que funcionó como una confederación de estados libres.

Aunque no fue un centro importante hasta el Posclásico Tardío, la evidencia indica que el área estuvo habitada desde finales del Preclásico hasta mediados del siglo XV. Ciertamente, quedan pocos rastros de las etapas más antiguas y ningún edificio. Incluye casi 4,000 estructuras y cientos de plataformas para chozas, por lo que se ha calculado que la habitaron unas 12 mil personas. Parece partir de una idea defensiva,

El Castillo de Mayapán, Yucatán, es un excelente ejemplo de la arquitectura maya tolteca, pues su planta incluye columnas similares a las que se pueden ver en el Templo de la Estrella de la Mañana de Tula, Hidalgo.

pues la rodea una muralla y, además, la Plaza Central presenta un número inusual de edificios en un patrón bastante cerrado, lo que limita el acceso. En ella se pueden ver una gran cantidad de estructuras con amplias salas sostenidas por columnas, algunas con diseños interiores verdaderamente complicados, que seguramente fueron habitaciones para la elite. También cobija los edificios con mayor significado cultural, entre los que sobresalen un templo con nueve basamentos que se eleva unos 15 metros, al que se suele llamar Castillo, y otro redondo, conocido como el Caracol, porque ambos son parecidos a los de Chichén Itzá.

Para la segunda mitad del siglo XV se presentó una crisis que resultó en el asesinato de la clase dirigente de los *Cocom* y el abandono de la ciudad. Ante la falta de un centro unificador, se formaron diversos señoríos rivales con poder bastante limitado, en los que posteriormente los españoles establecieron sus asentamientos, por lo que quedan pocos restos arquitectónicos. Un ejemplo es Izamal, que fuera aliada de Chichén Itzá y un sitio importante durante el Posclásico. Sobre ella se construyó un poblado al estilo europeo y los misioneros franciscanos usaron piedras de los templos para levantar su convento; los edificios prehispánicos que subsisten están inmersos en la urbanización actual y han sido poco estudiados.

Al revisar los vestigios posclásicos del norte de Yucatán se puede comprobar la irrupción de nuevos métodos y una concepción diferente del espacio. Así, encontramos murallas y conjuntos de columnas cuadrangulares o cilíndricas, que forman galerías muy parecidas a las de Tula y muchas veces están decoradas en bajorrelieve. Los Juegos de Pelota adquirieron forma de doble "T", con la adición de edificios en los extremos cortos y, al parecer, se cambiaron los marcadores tradicionales por anillos. La base de las plataformas está ensanchada, formando talud, algunas veces con un sector vertical en la parte superior. Por último, aparecen templos cuadrados con una escalera a cada lado y paramentos en tablero-talud.

Aunque se introdujeron los techos planos sostenidos por columnatas y vigas de madera, se siguieron utilizando tanto la bóveda de piedra saledhiza, como los mascarones apilados y las cornisas y molduras para delimitar los frisos. Sobre todo, es evidente que la técnica constructiva y el labrado y cortado de los sillares son mayas. Chichén Itzá es el resultado de lo mejor de ambas tradiciones.

El estilo Costa Oriental

En la franja oriental del la península de Yucatán abundan las bahías, caletas e islas y el único río superficial es el Hondo, en la frontera con Belice, pero hay numerosos cenotes, aguadas y cuevas con agua dulce, además de lagos que, conforme se avanza hacia el sur, son más numerosos. Normalmente esta zona es la última que se revisa en la arquitectura maya porque algunas de sus ciudades estaban pobladas a principios del siglo XVI y, por lo tanto, los principales vestigios corresponden al Posclásico Tardío. Si bien no hay acuerdo real sobre los límites de esta región, en general se considera que llega hasta Santa Rita Corozal, en el actual Belice.

Al parecer, los primeros habitantes del área se instalaron hacia el 300 a.C.; de ellos solamente quedan restos cerámicos y, en algunos casos, huellas de aldeas y unos pocos edificios ceremoniales sencillos. Hacia el Clásico Temprano surgieron algunas urbes dominantes, especialmente Oxtancah y Cobá.

En ambas, las construcciones más antiguas muestran influencia del Petén, pero algunos de los edificios de Cobá presentan características del Posclásico. El basamento del Conjunto de las Pinturas, por ejemplo, es una variante del tablero-talud teotihuacano, con el talud de menor tamaño que el tablero; además, tiene una sala con columnas y varios altares. Por otra parte, el templo llamado *Nohoch Mul* (gran casa) mide 42 metros de altura, lo que lo convierte en el más alto de la península de Yucatán; incluye siete cuerpos a los que durante el Posclásico se agregó una escalera muy ancha y un santuario en cuyo friso aparecen figuras descendentes.

Durante el Clásico Terminal, en el área se observan movimientos de población y el abandono de varios sitios. Parece seguro que para el inicio del Posclásico, la influencia de Chichén Itzá se sintiera con fuerza, sobre todo en Cozumel y el área de bahías. Cobá cayó hacia el 1100, Chichén Itzá un siglo más tarde y la falta de centros dominantes creó cambios en el sistema político y económico.

Si los mayas habían mostrado vocación comercial a lo largo de toda su historia, para este periodo se incrementó notablemente, sobre todo por vía marítima, y consta que se costeaba desde Veracruz hasta Honduras. Al parecer Tulúm fue el sitio comercial más importante del Posclásico y, aunque en ella hay indicios de ocupación anterior, todos los edificios que se conservan fueron levantados en ese periodo.

Los vestigios de Tulúm han servido como parámetro para definir el estilo Posclásico de la costa oriental. En términos generales, la mampostería es un tanto burda, pero estuvo recubierta con gruesas capas de estuco. Además, las dimensiones son mucho menores que las usadas anteriormente, es decir, los templos son bajos y la altura de los muros apenas admite la presencia humana, o la hace imposible. Por otra parte, aunque hay algunos ejemplares abovedados, son más frecuentes los techos planos sostenidos por columnas, lo que permite salas más amplias. También se observan muros intencionalmente inclinados y frisos superpuestos con nichos en las fachadas.

El costado oriente de Tulúm da al Caribe, que le ofrece un marco extraordinario ya que tiene una caleta donde desenbarcaban las canoas

Una construcción emblemática de la costa oriental es el Castillo de Tulúm, Quintana Roo, en su templo superior, dentro de un nicho, se encuentra la deidad más importante del Posclásico maya: el dios Descendente.

de los comerciantes mayas. Los otros tres lados están rodeados por una muralla cuadrangular de piedra sin mortero, con cinco entradas en bóveda maya. Es importante aclarar que el área urbana no se limitaba a la zona bardeada, pues fuera de ella se ha encontrado evidencia de construcciones de material perecedero. Además, a pesar de que en las dos esquinas del perímetro aparecen templetes que pudieron servir como garitas de vigilancia, no todos los especialistas concuerdan en que ésta fuera una instalación de tipo defensivo y se discute la posibilidad de que la muralla únicamente separara la zona central, y que las torres funcionaran como faros para guiar a las embarcaciones que se dedicaban al comercio nocturno.

Esta premisa parece reforzarse por la presencia de una segunda barda que rodea un espacio llamado Recinto Interior. Lo preside la construcción más famosa de Tulúm: El Castillo, que da la espalda al mar. Fue construido sobre una elevación natural, que lo hace parecer mucho más alto de lo que es y por eso da una profunda sensación de fuerza. En él hay evidencia de diversas etapas constructivas: inicialmente había un edificio más pequeño, que se rellenó para que soportara la nueva obra, después se construyó un muro de contención y por último se agregaron dos adoratorios a los lados de la escalera que lleva al cuerpo superior. Éste consta de dos habitaciones abovedadas; el acceso está dividido por un par de columnas de serpientes y la fachada tiene un friso sencillo, con sólo dos molduras y tres nichos. En el central se ve una escultura antropomorfa con la cabeza hacia abajo y las piernas en la parte superior.

De hecho, tanto en Tulúm, como en la mayoría de las ciudades de la zona, estas figuras, a las que se les llama "dios descendente", constituyen el motivo iconográfico principal, lo que permite suponer que se trate de la deidad más importante del Posclásico. Hasta la fecha, no se ha llegado a un acuerdo sobre su interpretación: para varios arqueólogos, se trata del dios de las abejas, mientras otros lo ligan a la divinidad del maíz, a Venus, al sol poniente, a la lluvia, a la primavera o al rayo.

Frente al Castillo, en el centro de la plaza, hay una plataforma que pudo servir para danzas ceremoniales y junto a ella está el Templo del Dios Descendente, con una sola cámara abovedada sobre un basamento bajo. Llama la atención, pues parece desafiar las leyes de la física con sus muros inclinados y coronados por un friso de tres cuerpos superpuestos, con los de los extremos en ángulos salientes, en tanto el central sobresale.

Fuera del Recinto Interior se encuentra el Edificio de los Frescos o de las Pinturas. Su fachada baja presenta cuatro columnas, rosetones y mascarones en las esquinas, que seguramente representan al dios creador, Itzamná, además de tres nichos, con el dios descendente en el central. Esta parte del edificio se construyó en torno a una habitación más antigua; de ella, se conservan buena parte de la decoración externa y los murales que le dan nombre. En el piso alto aparece otro templo, construido en una etapa posterior; dentro de él se encuentran un altar y muros con impresiones de manos humanas en rojo, color de la guerra, que seguramente se relacionaron con algún ritual. Los muros inferiores presentan una moldura al centro, a partir de la cual se inclinan.

Además de estos edificios, en Tulúm también hay estructuras bastante amplias, con techos planos sostenidos por columnas, como la Casa del Halach Uinic y la Casa de las Columnas, que al parecer sirvieron como residencias para la elite. En contraste, aparecen unas construcciones a las que se llama "Santuarios", que pueden estar asiladas o dentro de un templo, no rebasan el metro de altura y suelen tener un altar adosado, por lo que se cree que pudieron servir para depositar ofrendas o cobijar imágenes.

Otro punto estratégico para el comercio fue la isla de Cozumel. Incluye unos 30 sitios arqueológicos, con un periodo de ocupación que va del Preclásico Tardío, al siglo XVI. Destaca San Gervasio, pues es el de mayor tamaño y parece seguro que fuera el centro dominante. Además en él se adoraba a *Ix Chel*, diosa de la luna y de la fertilidad por lo que, además de centro de abastecimiento y descanso, fue un importante punto de peregrinación.

En San Gervasio hay varias plataformas de más de un metro de altura que, se especula, habrían soportado construcciones de materiales perecederos, en los que se almacenaban productos como sal, cacao, obsidiana, copal, miel, algodón y otros. También incluye un importante número de *sacbés* y una compleja red de albarradas, que delimitaban los espacios de residencia, así como diversos conjuntos arquitectónicos, la mayoría de los cuales corresponde al Posclásico Tardío, cuando tuvo relaciones con las urbes más importantes, especialmente Mayapán. Destacan el Conjunto Manitas, porque en los muros de uno de sus edificios se encontraron impresiones parecidas a las de Tulúm, y el templo *Nohoch Nah*, con dos escaleras de acceso y restos de pintura mural. Sin embargo, tal vez el grupo más interesante sea El Ramonal, que también es uno de los más recientemente estudiados en la zona maya. Este conjunto ha sido catalogado como "tipo acrópolis" y algunos de sus elementos se han llegado a relacionar con el estilo Petén. Incluye tres grandes plataformas escalonadas: la del sur probablemente fue un área habitacional y está rodeada por una barda de piedra de casi tres metros de ancho; la central sostiene tres estructuras, y en la plaza alta hay siete templos ordenados simétricamente en torno a un espacio cerrado, que remata en un *sacbé*. Éste se va ampliando hasta formar una plazoleta con dos templos de planta oval, prácticamente gemelos.

En la plaza baja del Ramonal sobresale el Edificio de las Almenas. Consiste en dos habitaciones de techo plano, con planta en forma de "T"; su fachada oriental estaba muy destruida, pero se cree que debió tener un acceso con cuatro vanos. Lo remata una moldura o friso de tres elementos: el inferior sobresale, en tanto los dos superiores están remetidos y el intermedio presenta decoración con motivos geométricos —similares a otros, llamados "almenas", que rematan algunas construc-

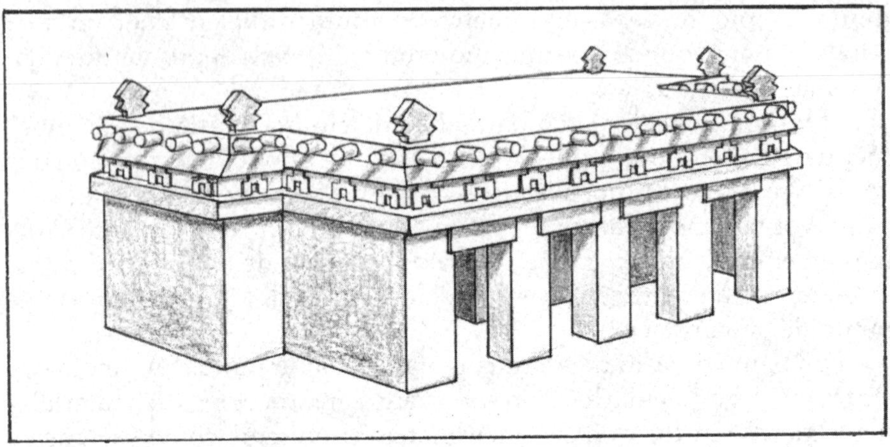

El edifico de las Almenas, en Cozumel, Quintana Roo, demuestra que esa isla fue un emplazamiento maya importantísimo durante el Posclásico. Su arquitectura sencilla y con elementos congruentes con el estilo del Altiplano Central evidencia los contactos dentro del área mesoamericana.

ciones mayas, sobre todo del altiplano. Además, lo adornan unas piedras en forma de puntas de proyectil que están colocadas sobre la cornisa.

Existen muchos otros sitios con inmuebles estilo costa oriental. Xcaret, por ejemplo, también tuvo una muralla e incluye siete grupos arquitectónicos; en Xel-Ha, que fue uno de los puertos prehispánicos más importantes, destaca el Edificio del Jaguar; en El Rey, cerca de Cancún, se han descubierto más de 40 estructuras, y finalmente, El Meco, frente a Isla Mujeres, se distingue sobre todo por el templo superior del Castillo.

Muchas veces se considera que la arquitectura de esta época es inferior a la del Clásico. Sin embargo, no debe olvidarse que fue la primera que vieron los europeos del siglo XVI, y les bastó para darse cuenta de que aquí vivían pueblos con un alto nivel cultural. De hecho, muchos de los primeros cronistas españoles, como Bernal Díaz del Castillo, Diego de Landa y Francisco López de Gómara, hablan de las ciudades costeras. El canónigo Juan Díaz —capellán de la expedición de Juan de Grijalva en 1518—, al describir Tulúm, escribió: *"Sevilla no nos hubiera parecido mayor ni mejor"*.

Después de todos estos años...

Al revisar los estilos arquitectónicos mayas nos acercamos a la evolución de este pueblo extraordinario. Basta contemplar las delicadas variaciones; el hábil manejo del espacio y del paisaje; la profunda simbología en la orientación y decoración de los edificios; la habilidad del labrado... El esplendor maya sorprende por la grandeza de sus vestigios y la perfección de su técnica pero, sobre todo, por la inteligencia de sus soluciones. Por algo las casas de bajareque y los patios familiares siguen siendo la mejor alternativa para esta parte de Mesoamérica.

4

El pétreo arte tridimensional: escultura

El término escultura proviene del latín, *sculptura*, y se refiere al arte de tallar o modelar —principalmente en barro, piedra y madera— representaciones abstractas, de dioses, vegetales, animales u hombres; es decir, es el resultado de cincelar, entallar o labrar a mano. Se trata de una de las manifestaciones artísticas más antiguas del mundo y, quizá, la que nos impacta más profundamente. Esto sucede porque se apropia del espacio: los volúmenes invaden el campo visual y exigen la acción motriz del espectador —ya sea al rodear la pieza o por lo menos al acercarse y alejarse—, para permitir que luz y sombra construyan las formas.

Siempre nos comparamos con la escultura porque nuestro cuerpo es el punto de referencia para asumir la posición del hombre en el cosmos. Conforme más grande es un motivo escultórico, mayor devoción tiene una comunidad, dice el investigador italiano Guido Giubbini.

A fin de comprender la escultura maya, es necesario recordar que en su cosmovisión los dioses hicieron al hombre para que los adorara; por eso, al momento de plasmarlos se valieron de su cuerpo y de elementos de la naturaleza para crear híbridos que referían a la divinidad. Así, los artistas no reprodujeron realidades, crearon símbolos.

A pesar de la extraordinaria calidad de la escultura maya, en el aspecto técnico no presenta una evolución muy llamativa: se utilizaron sobre todo materiales rígidos, que no se pueden modelar, y se trabajó sobre el material directo, sin posibilidad de añadidos, lo que implica un riesgo mayor. Además, los escultores mayas debían mostrar su habili-

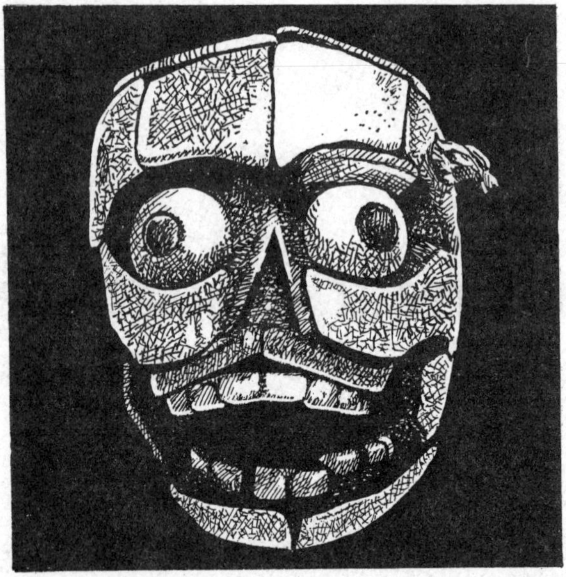

Los mayas fueron artistas extraordinarios que lograron el dominio de la escultura, a pesar de que prácticamente sólo usaron herramientas de piedra, hueso y madera; así se puede comprobar en esta máscara, procedente de Ocozocuautla, Chiapas, formada por piezas muy pequeñas que encajan a la perfección.

dad sin una plantilla, cuando mucho podían hacer trazos sobre papel amate, que después ampliarían en el sitio final. De este modo, se sublimó la rudeza de la piedra con sólo cinceles y limas, para convertirla en un auténtico encaje, donde la proyección solar completaba el trabajo del artista y comunicaba los planos cósmicos.

El sistema artesanal maya incluía supervisores encargados de la estricta observancia de este quehacer que, sobre todo para las estelas, debía resistir los cambios ambientales y una larga exposición al aire libre en los diversos centros urbanos. El artista debía prevenir la fractura y aunque casi hubiera concluido el trabajo, si aparecía una fisura, por pequeña que fuese, debía desechar la pieza y comenzar una nueva.

Los mejores testimonios escultóricos que han llegado hasta nosotros se conservaron gracias a la dureza de los materiales. Piedras sedimentarias y metamórficas relativamente blandas (como calizas, esteatita, alabastro, travertino, areniscas y toba o tufo) convivieron con rocas ígneas muy duras (por ejemplo basalto, granito y diorita). Piedra y estuco materializaron el rico imaginario maya y, gracias a estos testigos, podemos acercarnos a la historia y a la cosmología de esta cultura.

En cuanto al trabajo en madera, seguramente se talló con instrumentos de ese mismo material y, en mayor medida, de piedra. Una complicación para su estudio es la baja resistencia al clima, y son muy pocos los ejemplares que han llegado a nuestros días. Conocemos algunas figurillas de excavaciones funerarias del área del Petén y existen restos de madera en varias tumbas de Tikal y Palenque, así como en templos de Chichén Itzá. No obstante, a través de estos vestigios podemos inferir su presencia en la zona maya y son suficientes para suponer que desde el Clásico hasta el Posclásico existió una estrecha relación entre la madera y los pobladores. No obstante, algunos especialistas, como Esperanza Rosas, afirman que la escasez de hallazgos de escultura en madera se debe a la devoción a la ceiba, pues cortarla impediría que los dioses pudieran ascender o descender por los niveles cósmicos.

La estela

El término estela significa "columna", del latín *stela* y éste del griego στηλη. Es un monumento conmemorativo que se erige sobre el suelo, en forma de lápida, tabilla, pedestal o cipo, y generalmente está decorada con inscripciones jeroglíficas y figuras en relieve. Estos monolitos podían labrarse en una o varias caras, aunque se han encontrado algunas lisas y con restos de capa pictórica, lo cual indica que también las hubo pintadas.

Las mejores estelas de Mesoamérica se encuentran en el área maya y se pueden clasificar en dinásticas o de linaje —tanto de dioses como de guerreros y sacerdotes— y de comercio. Treinta y ocho de las 89 estelas de Izapa se encuentran en el primer grupo y, en su elaborada imaginería, destaca la representación del árbol de la vida que da sustento al hombre. La estela 1 describe a la deidad de las aguas cogiendo peces y depositándolos en una canasta; de la segunda a la quinta, ejemplifican escenas sagradas del Popol Vuh, donde los gemelos cósmicos viven aventuras para fundar una nueva era. De este modo, el legado de héroes y dioses otorgaba a los mandatarios la investidura para poder subordinar al pueblo. Por otra parte, la estela H de Copán y, al parecer, otra de Tulúm, muestran inventarios de materiales; ambos centros fueron puntos mercantiles de primer orden dentro del área maya. Aunque existe la posibilidad de que se refirieran al tributaje, también podemos sostener que tratan de ligas comerciales entre los centros urbanos, sin la estricta intromisión de divinidades.

Frecuentemente, las estelas se colocaban en el camino de entrada a las ciudades, con el fin de mostrar al dirigente, a los pueblos sometidos

La sección inferior de las estelas se clavaba en la tierra, mientras la parte superior se proyectaba al supramundo. Es decir, funcionaban como axis mundi, además de contar la historia de los gobernantes, pues la representación más frecuente es la de miembros de la nobleza. Así se puede ver en este ejemplar de Aguateca, Guatemala, en la que se labró a un guerrero sacerdote ricamente ataviado.

y, en general, revelar la historia de la comunidad. Pasado y presente se hermanaban a través de una roca que penetraba en la tierra para alcanzar la bóveda celeste, es decir, estos monumentos funcionaban también como conectores entre los tres niveles del cosmos. La parte visible se denomina "cuerpo" y la que se clavaba en el suelo, "espiga".

Por ejemplo, la mayoría de las estelas de Copán son retratos de gobernantes y fueron talladas con una maestría verdaderamente excepcional. La más antigua que se ha encontrado es la que representa a Nenúfar Jaguar, quien gobernó del 504 al 544, aunque tal vez las más bellas sean las que se hicieron bajo el gobierno de *Uban K'awil* (Señor Conejo 18). Precisamente fue en esta época cuando la técnica escultórica de Copán alcanzó su plenitud, que se caracteriza por un relieve profundo y curvas pronunciadas.

También, las estelas ayudan a conocer los diferentes niveles del Inframundo. Cada uno refiere la humedad y temperatura: conforme más abajo se encuentra, más seco y caliente se vuelve el ambiente. El investigador Claude-Francois Baudez afirma que los personajes que aparecen sobre un friso acuático, como en los pilares de Palenque, se encuentran en el Inframundo húmedo, y los que se localizan al centro de un medallón formado por cuatro lóbulos, a modo de los que aparecen en los marcadores de juego de pelota AII-b de Copán, están en el reino de los muertos: Inframundo seco. Adicionalmente, la utilización de un friso celeste indica que la escena está conectada con el cielo, tal como se ve en el Templo de la Cruz de Palenque.

Fueron comunes las representaciones del busto, la cabeza o la figura completa de una criatura humana, animal o híbrida, dentro de las fauces abiertas de un monstruo o de un animal. Esta característica está presente en la estela D de Tres Zapotes, Veracruz, y la permanencia de atributos como éste confirma los antecedentes olmecas de la región; aunque los mayas idearon convenciones y motivos propios para solucionar la relación entre los hombres y los dioses.

Además, en muchas estelas mayas aparece un monstruo que parece vomitar o engullir a un sujeto, quien con frecuencia posee un tocado que lo identifica como personaje de alto nivel social; en este caso, sirve para legitimar sus acciones en la tierra, ya que le otorga el aval del Inframundo. Por ejemplo, en cada uno de los costados de la estela N de Copán, se observan dos gobernantes metidos parcialmente en el hocico de un cocodrilo o un sapo. En cada pareja, la postura de uno es propia de la nobleza y lleva símbolos de autoridad mientras que, el otro, no lleva joyas y su actitud carece de majestad. Se deduce que el primero está vivo, sale de las fauces, asume el poder y gobierna su entrono; en tanto el segundo, ha perdido autoridad, está muerto y se hunde en ellas.

Esta criatura que devora o vomita, parte del jaguar como responsable de trasportar al sol: así como el ciclo solar se cumple, el ciclo dinástico se funde con la elite y puede continuar con la dirección del pueblo. En ciertos casos, la evolución de aquel animal se identifica con la serpiente que, como la tierra, devora al cuerpo inerte y al mismo tiempo "escupe" la vida a través del tallo del maíz.

Los artistas mayas supieron plasmar en perspectiva la ascendencia o descendencia de los dirigentes y, del mismo modo, lograron una codificación de ademanes a través de los cuales podemos inferir un lenguaje no verbal que, si bien se ha explorado poco, seguramente fue muy complejo.

Los historiadores Guillermo Bernal y Erik Velásquez afirman que todo gesto ejecutado por un personaje responde al de otro individuo que se encuentra en la escena. Cuando un hombre está postrado, generalmente expresa sometimiento o cautiverio; si dobla la muñeca sobre su frente, es señal de que siente pesar y resignación por su muerte sacrificial, y si extiende una mano cerca de la barbilla, está exclamando en voz alta una súplica por clemencia. Una posición más digna es cuando los prisioneros cruzan un brazo sobre el pecho y posan la mano sobre el hombro opuesto; éste es un gesto de respeto y solicitud de paz y diálogo, como se puede ver en la fachada oriente de la Casa A del Palacio de Palenque. Es pertinente añadir que el cronista Diego López de Cogolludo advirtió hacia 1688, que entre los *itzáes* del siglo XVII se acostumbraba *"echar el brazo derecho sobre el hombro en señal de paz y amistad"*.

Así, es posible concluir que la representación de las manos tenía un alto valor simbólico y, al combinarla con otros símbolos, formaba un mensaje directo para el observador de ese tiempo. Desafortunadamente, hemos perdido el contexto y, por ende, la capacidad de significar los signos. Es decir, en algunos modelos artísticos, el mensaje no siempre logra ser transmitido o, por lo menos, descifrado con precisión. Esto se puede ver en el estilo preciosista de la estela 2 de Aguateca, Guatemala (736 d.C.), donde la recargada ornamentación hace que casi desaparezca el personaje central. Además, en ella sorprende la introducción de una amplia gama de elementos teotihuacanos, como mascarones del dios de las aguas, pectorales en forma de ave y signos de años comunes con los de Tetitla, entre otros; aunque lo cierto es que cada elemento extranjero logró ser reinterpretado bajo la concepción local.

Entre los ritos mayas más importantes para los que se labraron estelas, destacaban los finales de periodo, que usualmente se celebraban cada 20 años. Se expresaban por medio de un glifo que representa una mano con los dedos centrales doblados, mientras el índice y el meñique se encontraban extendidos. Este signo, *tzutz*, "terminar, acabar", derivó probablemente de la postura de manos que adoptaban los gobernantes cuando sostenían la barra ceremonial, objeto estrechamente ligado a las ceremonias calendáricas.

El dintel

Los cerramientos superiores de puertas o ventanas, llamados dinteles, son bloques de piedra que sostienen las jambas o piernas de un vano y fueron importantísimos en la arquitectura maya, pues se consideraban como la refracción de la mirada de los dioses hacia la tierra.

A diferencia de las estelas, los dinteles no podían ser vistos por el pueblo llano, ya que se encontraban en las entradas de templos, palacios y, en general, habitaciones de la elite. En su mayoría fueron decorados con complicados diseños y debido a su poco contacto con la erosión de agua y viento pudieron llegar bien conservados hasta nuestros días. Además, compartieron con las estelas el lenguaje visual y gracias a ellos sabemos, por ejemplo, que los soberanos vertían sangre de sus manos durante los finales de cada periodo y que ese líquido sagrado se quemaba sobre incensarios o cestas rituales. Prácticamente conocemos el panteón maya a partir de los dinteles labrados, y se han podido establecer las ligas de dominación y poder gracias a su estudio.

Encontramos los mejores ejemplares de estos trabajos arquitectónicos en Yaxchilán, en el actual estado de Chiapas, donde también pueden apreciarse las ligas dinásticas. *Chan Muan*, soberano de aquella ciudad del Clásico maya, se representó en varios dinteles como soberano y con enemigos vencidos, y también entre nubes, en la esquina superior derecha, con un personaje al que por el tocado y pectoral se identifica como su padre o abuelo. Esto muestra que se apelaba a la legítima dignidad de los antecesores para poder asumir el mando.

Los dinteles de Yaxchilán, Chiapas, sobresalen en el área mesoamericana por su composición y por la precisión y profundidad del labrado. Éste, el número 25, muestra al soberano *Chan Muan* mientras uno de sus ancestros emerge de una serpiente y le entrega el bastón de mando que lo legitima.

El relieve

Del latín *relevàre*, que a su vez deriva de *levare* "aliviar, levantar", el relieve es una saliente que destaca sobre un fondo llano. En escultura, este término se relaciona principalmente con figuras, motivos y molduras. Dentro del área maya encontramos dos tipos: bajorrelieve, en el que las figuras sobresalen poco, y medio relieve, en el que la figura resalta aproximadamente la mitad del espesor ornamental. El más común es el primero y existen numerosos testimonios desde el Preclásico hasta el Posclásico.

Ya en los relieves de Izapa, Chiapas, y Kaminaljuyú, Guatemala, se revelan concepciones escultóricas esencialmente diferentes a las olmecas, que influyeron en los patrones del Clásico. Una de las más interesantes representaciones de este género es la lápida del Señor de Palenque, que guarda semejanzas con la de la Cruz Foliada de la misma ciudad. Cubría un sarcófago monolítico rectangular, al centro del cual se halló una cavidad que asemeja la representación de un pez. Todo sugiere que fue tallada expresamente para el cadáver que resguarda, pues es apenas un poco mayor que la medida del esqueleto del individuo, un adulto de sexo masculino.

En términos generales, el área central maya puede considerarse como la zona del relieve, pues salvo algunos casos aislados —como afirma Paul Gendrop— la estatuaria es casi inexistente.

El mascarón

Los mascarones son caras grandes, grotescas o fantásticas, talladas en piedra o yesería, que protegían las entradas de los templos. Si bien encuentran su origen en la cultura olmeca, los mayas los utilizaron en una forma original y ésta planteó, desde los primeros tiempos, un rasgo particular en la llamada arquitectura-mascarón. Encontramos los testimonios más antiguos en Tikal, entre el 150 y el 100 a.C., en la estructura 5D, donde se elevan dos grandes mascarones de rasgos felinos que cierran la escalera central del basamento. Del mismo modo, mascarones de estuco policromados limitaron las escalinatas de la Plataforma Norte de esa ciudad. Por otra parte, en Uaxactún, el basamento piramidal E-VII estuvo decorado por 18 mascarones de estuco, organizados a los lados de las escaleras que flanquean la estructura.

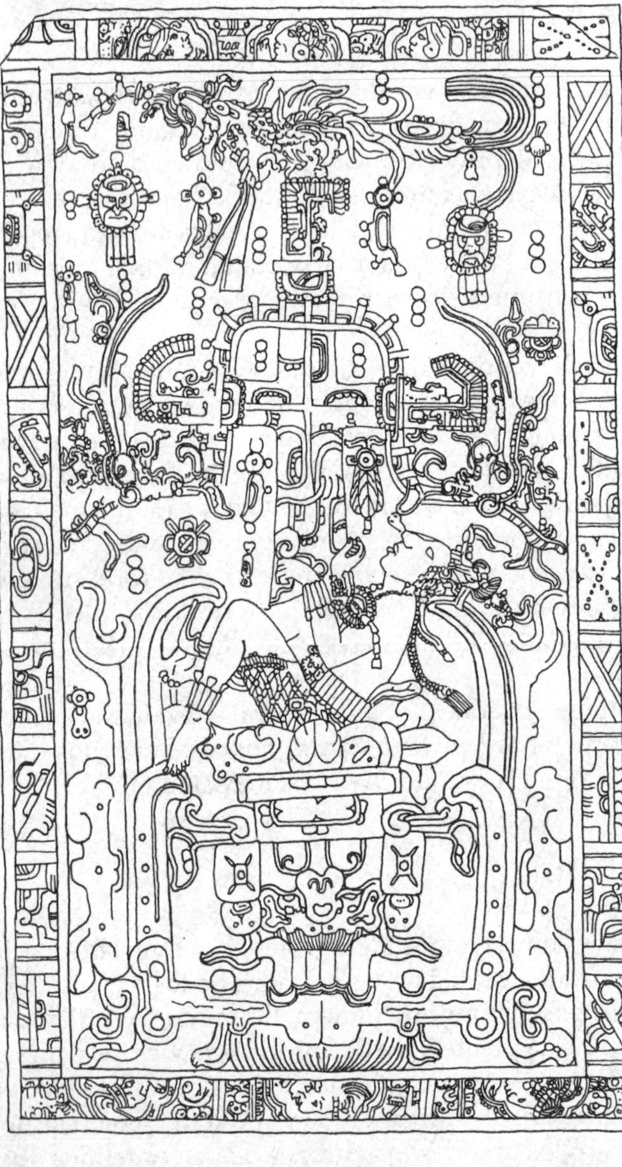

Uno de los mas extraordinarios ejemplos del relieve maya es la lápida que cubre la tumba del Señor de Palenque descubierta en el Templo de las Inscripciones, con delicados y precisos trazos. Esta pieza conjuga la cosmología maya con una cruz que alcanza los cielos en una composición impresionantemente armónica.

Los mascarones del dios de la Lluvia *Chaac*, muy frecuentes en la península de Yucatán, constituyen un extraordinario ejemplo de exactitud en el labrado de piezas para ensamblar. Estudios recientes indican que algunos podrían representar a *Itzamná*.

La difusión del mascarón integrado al basamento piramidal es muy amplia, se extiende por toda el área maya y se manifiesta como patrón artístico significativo durante el Clásico Tardío en numerosas ciudades, sobre todo en las Puuc y Chenes, en el área norte.

Normalmente se interpreta a los mascarones como rostros de los dioses, y el de *Chaac* fue uno de los que más se reprodujo, se le reconoce por sus orejeras, banda frontal, párpado superior, nariguera, globo del ojo salido, párpado inferior marcado, boquera y dientes en forma de esquematización de agua corriente, que constituyeron su codificación esencial.

Altares y tronos

Los altares y tronos constituyen otro tipo de escultura, y la diferencia entre unos y otros no es clara. Algunos investigadores distinguen que en los altares se ofrecían los elementos para los rituales, mientras los tronos eran sillones de piedra o estuco sobre los cuales el sacerdote-militar se posaba para dirigir las ceremonias, otros, sostienen que tuvieron una doble función. Por lo general también fueron monolitos labrados y corresponden a todos los periodos mayas. En muchos de ellos encontramos la liga con el jaguar o la serpiente, que también aparece en las estelas, para dignificar la figura de los soberanos.

La premisa anterior se ratifica con algunos altares de la región del Petén, que fueron devastados intencionalmente para evitar que se reconociera al mandatario anterior. También en los altares 3 y 12 de Tikal, elaborados hacia el 500 d.C., donde los rasgos felinos se funden con las máscaras de los personajes; además, el primero cuenta en sus costados con la representación de cuatro diminutos seres grotescos que, enmarcados por un motivo floral de cuatro pétalos y emergiendo de lo que quizá sea una concha, ofrendan a los dioses la preciosa sangre. Mitos fundacionales, origen y, de nuevo, la insistencia por legitimar una posición de mando son los temas frecuentes.

En Copán se encuentran ricos testimonios labrados, como el que revela a un grupo de personajes sentados sobre regios cojines. Mientras unos dirigen la mirada a la bóveda celeste, otros parecen entregar estrellas al espectador. Este monolito, el Altar Q, que representa a los 16 gobernantes de la ciudad, también se conoce como "Grupo de la Academia de Ciencia de Copán" o "Congreso de Astrónomos" y es uno de los altares que con mayor detenimiento se ha estudiado. Lo mismo sucede con otro, hallado hacia 1970 en Piedras Negras, Guatemala, donde los personajes se enfrentan a una ceiba con la representación de Venus en la parte central, a través de la piedra de la vida, como poderoso símbolo mesoamericano.

Fue práctica común que los altares se acompañaran de una estela y de un tambor pétreo, al que se le ha interpretado como piedra de sacrificios. Estos objetos circulares pudieron estar decorados, sin embargo la presencia de fuego dejó oscuros rastros de la quema de sangre o corazones ofrendados a los dioses. Seguramente en ellos se celebraban ritos parecidos al que describe Martha Nájera, de Altar de Sacrificios, en el actual territorio guatemalteco: las doncellas vírgenes se colocaban sobre la piedra, atadas de pies y manos y rodeadas por el fuego, el sacerdote clavaba un cuchillo en su pecho y justo cuando su sangre "hervía", retiraba el corazón y lo exponía al sol.

Aunque muchos historiadores aún no aceptan este tipo de rituales para la zona maya, la evidencia arqueológica muestra que el sacrificio humano fue práctica común para toda el área mesoamericana, donde la necesidad de dar lo más preciado del hombre logra un pacto con los dioses, quienes garantizan la existencia. Estas piedras de sacrificio se hicieron más complejas con el paso del tiempo y, para el Epiclásico, se introdujo un altar para ofrendas comúnmente denominado *Chac Mool*.

Escultura exenta

Aunque brevemente, bien vale la pena tratar aparte la escultura de bulto redondo en piedra, pues este tipo de representaciones se dio con mayor profusión en la cerámica. La herencia del Preclásico logró asimilar la adaptación de modelos divinos en un microcosmos sagrado, donde una parte puede significarlo todo. Esta partícula de los dioses protegía a la comunidad.

En Kaminaljuyú hay testimonios claros de la representación tanto humana como de dioses que muestran la capacidad de abstracción del hombre y la proyección sintética del pensamiento. Durante el Clásico maya, existieron esculturas exentas que se colocaron en nichos especiales dentro de los templos o en las fachadas. De nuevo, Copán se vuelve un punto de referencia para este tipo de arte, pues en ella encontramos varias esculturas de serpientes y cráneos que, para el Posclásico, se acogieron en la zona norte. También fue común la reproducción de las cabezas de los dirigentes; quizá el caso más famoso sea el de los estucos de la cámara del Señor de Palenque.

Uno más de los trabajos que caben dentro de la escultura fueron las máscaras funerarias, en las cuales, además de la deformación craneal, en algunos casos se pueden observar los rasgos fidedignos del personaje retratado. Se elaboraron con muy diversos materiales, normalmente colocados sobre una base de estuco, entre otros, jade, concha, coral, obsidiana y madera. Comúnmente estas máscaras se encuentran dentro de los sarcófagos y sirvieron para proteger el cráneo. Una de las múltiples hipótesis que existen respecto a esta práctica es la de la nece-

Esta escultura exenta, de Kaminaljuyú, Guatemala, fue elaborada en piedra volcánica durante el Preclásico y representa a un hombre de alta jerarquía que se transforma en un hongo, símbolo de poder y linaje por su capacidad alucinógena, capaz de facilitar la comunicación con los dioses.

sidad de expulsar la energía mística hacia el cosmos: algunas tienen la boca entreabierta, o cuentan con perforaciones en las fosas nasales y necesariamente presentan los ojos abiertos que lanzan la mirada inerte hacia la bóveda celeste.

Similitudes y diferencias

Todas estas manifestaciones escultóricas son comunes al área maya. Sin embargo, tal como sucede con la arquitectura, se pueden apreciar dife-

El Señor de Palenque, enterrado en el Templo de las Inscripciones, llevó a esa ciudad a un periodo de esplendor; en su tumba se encontró esta maravillosa cabeza en estuco, cuyos rasgos muestran la maestría del artista y guardan una relación muy estrecha con el tipo clásico de la clase alta maya.

rencias regionales en el estilo. De hecho, la subdivisión para su estudio es la misma que se utiliza para la arquitectura.

En la zona sur, la escultura más antigua suele presentar algunos rasgos olmecoides y predomina el bajorrelieve. Abundan escenas mitológicas, así como las relacionadas con el agua y el juego de pelota, además de motivos geométricos, volutas y representaciones de plantas y animales mitológicos o reales, especialmente jaguares y cocodrilos. En los ejemplares más recientes, se hace evidente una fuerte influencia del altiplano central, en seres humanos con atributos animales, la deidad descendente envuelta en llamas, discos solares y figuras de bulto redondo con espiga para ser empotradas; asimismo, se encuentran retratos de dignatarios y escenas relacionadas con el juego de pelota y el sacrificio.

Por lo que respecta al Petén, en él encontramos maravillosos bajorrelieves con inscripciones jeroglíficas y personajes en posturas estáticas, normalmente de perfil, ataviados lujosamente y que ostentan atributos jerárquicos. En muchos casos, la influencia teotihuacana es evidente, por ejemplo en las máscaras del dios de las aguas.

La escultura de la cuenca del río Motagua es simplemente extraordinaria. Incluye piezas en relieve de un realismo que respeta las formas y proporciones naturales, ejecutadas con tal maestría que casi parecen de bulto redondo, como la estela B de Copán, que representa al *Ubán K'awil*, Señor Conejo 18, quien murió ejecutado por el Señor de Quiriguá. También encontramos altares excepcionales, destacadamente el Altar Q de Copán, y multitud de elementos escultóricos integrados a la arquitectura, sobre todo en torno a las entradas de los edificios. Sin embargo, ninguna otra forma destaca tanto como las estelas de Copán; en ellas, normalmente aparecen glifos sobre las superficies secundarias, mientras que en la principal se admiran personajes con atuendos suntuosos y multitud de símbolos jerárquicos, como opulentos tocados adornados por máscaras. Están vistos de frente, con los pies en postura casi diagonal y los brazos cruzados sobre el pecho; sobresalen el cuidado de los detalles en el labrado de pies y manos, así como las diferencias en la expresión de los rostros solemnes, cuyos rasgos están bien diferenciados.

En cuanto a la cuenca del Usumacinta las estelas y altares son menos abundantes, pero encontramos bajorrelieves sobre piedra caliza, de trazo excepcionalmente seguro. Las composiciones de grupos son más frecuentes —tal como se puede ver en la galería oriental del Edificio A del Palacio de Palenque; aunque también las hay de individuos solos— como una pieza, hallada en el Templo XI, en la que un personaje de perfil, a quien se ha identificado como *Ahkal Mo' Nab*, parece salir de la boca del ave. Todas son muy dinámicas, suelen referirse a la guerra y los personajes, que llevan elegantes tocados, muchas veces cubren su cuerpo sólo con un taparrabos o faldilla. El trabajo en estuco se desarrolló de modo especial en Palenque, sobre todo en la representación de cabezas de personajes de alta jerarquía, además de que cresterías, paneles, lápidas y tableros llevaron refinados bajorrelieves de este material.

En las regiones río Bec y Chenes, la arquitectura y la escultura se hermanan, combinando piedra y estuco en columnas y en grandes mascarones en torno a los vanos, así como en serpientes, grecas y volutas que decoran las fachadas. También se encuentran estilizaciones de casas y, en proporción menor, representaciones antropomorfas, sobre todo máscaras y filas de cuerpos hechos con estuco.

Por lo que se refiere a la zona Puuc, ya se había mencionado que la escultura y la arquitectura también están profundamente ligadas, sobre todo en los frisos, y destaca por la perfección del labrado en los mosaicos. Los temas más utilizados son geométricos —rombos dentados, grecas, tamborcillos, etc.—, mascarones de *Chaac*, bandas serpentinas, la choza y, excepcionalmente, figuras humanas.

En el norte de Yucatán, la escultura se centra en la serpiente emplumada —herencia tolteca—, en basamentos, columnas, alfardas y plataformas. También es evidente la influencia del altiplano central, en representaciones de deidades, jugadores de pelota, sacrificios humanos y guerreros con atributos de águila y jaguar, si bien se conservaron los mascarones de *Chaac* y algunas estelas. Cabe destacar la alta calidad de la escultura de bulto redondo y el relieve de Chichén Itzá; en tanto que los ejemplares de Mayapán son menos delicados.

Por último, la escultura de la costa oriental también suele estar integrada a la arquitectura y hay muy pocas estelas. Los temas más tratados son la deidad descendente y la serpiente emplumada, así como mascarones, cabezas de ofidios y figuras humanas de pie o sentadas dentro de nichos sobre las entradas. También se encuentran cabezas en medio relieve en interiores y algunos *Chac Mool*.

La escultura maya de todas las zonas ha capturado el interés mundial. En sus luces y volúmenes preserva —como ninguna otra forma de arte— la cultura, la historia y la tradición, con una gran belleza y perfección. Los mensajes capturados en piedra, madera y estuco bastarían por si solos para mostrar el esplendor de la cultura maya.

5

Mil historias en barro: cerámica

La cerámica es una de las primeras evidencias que nos indican que un grupo de individuos ha comenzado a articular una comunidad, una cultura, pues para elaborarla es necesario haber establecido una relación con la tierra y logrado el dominio del fuego.

Ahora bien, la cerámica es una manifestación plástica que tradicionalmente se considera como un tipo de arte menor y, no obstante, sería imposible comprender a las civilizaciones mesoamericanas sin ella. Las formas y colores que están plasmados en finas vasijas, logran ayudarnos a descubrir parte de la concepción cosmológica de los pueblos.

De hecho, mucho de lo que sabemos de la cultura Maya procede directamente de la alfarería. Podemos estudiar la forma de las piezas, la imaginería y los textos inscritos, así como los estilos pictóricos y la composición química de los cuerpos cerámicos.

Ahora bien, se denomina cerámica (del griego κεραμικός, arcilla) a todo lo que se modela con una mezcla de arcilla y se somete a cocción por medio del fuego. En su acepción más corriente se trata de un producto destinado al uso cotidiano (recipientes, vasijas, tazones o vajillas), pero también sirve para prácticas rituales (urnas y vasos para la incineración) y para la representación de símbolos culturales (estatuillas votivas o imágenes).

Tanto en los métodos primitivos, como en las técnicas más modernas y elaboradas, las fases de trabajo para la cerámica son prácticamente las mismas. El proceso consta de una serie de etapas sucesivas fijas:

preparación del barro o pasta, modelado, secado, impermeabilizado, decoración y cochura.

El barro consta de una base arcillosa mezclada con otros compuestos minerales y agua en cantidad adecuada. La arcilla se presenta en forma primaria y secundaria. En el primer caso se trata de material en estado mineral, compuesto generalmente de feldespatos derivados de la descomposición química de las rocas. El segundo consta de materiales transportados por el viento y el agua de los depósitos primarios, contaminados por impurezas, como compuestos ferrosos; así este tipo de arcilla posee un elevado grado de plasticidad. En ambos casos hay que realizar una serie de correcciones, que mezclan las primarias con las secundarias.

La preparación del barro, generalmente lograda por compresión, tiene lugar después del lavado y decantación que se realiza mediante una serie de cubetas en pendiente. La forma más sencilla de modelado es presionar con los dedos o hacer rollos en espiral.

El secado es el proceso durante el cual la combinación arcillosa pierde una gran cantidad de su contenido de agua (disminuye de 8 a 15%), lo que le brinda un aspecto compacto. Éste puede darse al exponer el objeto de manera directa al aire, o bien al cocerlo en un horno donde se pueda regular la temperatura, para que sea constante.

La impermeabilización es una operación que se realiza para permitir la contención de líquidos. Puede hacerse a partir de varias técnicas, como bruñido, barnizado, engobe y otras. El decorado está vinculado en gran parte con el recubrimiento impermeabilizante y el proceso de cocción por varios estratos sucesivos.

La cochura o cocción es el proceso más delicado y de él depende el buen resultado del objeto. Se debe tomar en cuenta la dosificación de la temperatura, la velocidad de cocción y el comportamiento de los gases que se forman en el horno durante la combustión.

En la zona maya, la cerámica convivió estrechamente con los habitantes desde el Preclásico. Indudablemente existieron objetos destinados a satisfacer las necesidades inmediatas, como comer en platos, o beber en vasos; pero también floreció un tipo de alfarería muy atractivo, dedicado a la elite social, que se empleaba en los ritos y ceremonias. En ella, el funcionalismo simbólico de los objetos no dependía de su funcionalismo práctico, es decir, la utilidad del objeto se subordinaba al pensamiento mágico, que garantizaba la protección y la existencia de la comunidad.

La calidad de la cerámica maya es inconfundible y a menudo suele comparársele con la griega. Sin embargo, la del sureste mesoamericano es superior debido a su espléndida policromía. Sabemos que las formas pictóricas se realizaban con finos pinceles, elaborados con fibras naturales —como el henequén—, lo que otorgaba al artista un control sobre las representaciones y la capacidad de explorar una rica gama cromática.

Las extraordinarias y detalladas expresiones decorativas muestran un dominio realista sobre los personajes: hombres y dioses involucrados en actividades mitológicas e históricas, que fueron capturados por los hábiles trazos de los artistas.

Los pintores dedicaban su vida entera a esta disciplina y la perfeccionaban con los años; por lo tanto, los mejores maestros eran los viejos, a quienes se consideraba depositarios de la herencia. Generalmente eran educados para contar la tradición por medio de dibujos, de modo que las escenas conservan fragmentos únicos de la historia del pueblo, lo que convierte a la cerámica en una fuente invaluable de conocimiento. Han llegado hasta nuestros días piezas con pinturas que muestran rituales religiosos y de poder sociopolítico, así como los mitos que brindaban identidad al pueblo.

Adicionalmente, los artistas eran maestros en caligrafía, con un control total sobre las posibilidades visuales, lingüísticas y poéticas de la escritura jeroglífica maya, y es posible inferir su importancia social a partir de la inscripción de sus nombres y títulos personales. Estas firmas logran colocar al artista como un miembro de la nobleza, capaz de comunicarse directamente con los dioses. Por lo tanto, como indica Joseph Dorie, pueden autonombrarse: *ahau* (señor), *its'at* (artista), *cheben* (hacedor) o *miyats* (sabio).

Durante el Clásico maya se supieron unir las representaciones pictóricas y la escritura con una extraordinaria sensibilidad. En vasijas y platos podemos encontrar dos tipos de textos jeroglíficos: uno se refiere a la pieza misma y el otro a la escena pintada. Es más común el primero, al que Michael Coe denominó "Secuencia Primaria Estándar" y consta de cinco secciones principales:

1. Frase que se dedica al objeto: puede considerarse como una leyenda que garantiza la legitimidad o autenticidad de la pieza.
2. Tratamiento de la superficie: indica si el recipiente fue pintado o grabado. La referencia sintáctica exacta de esta parte aún es algo enigmática.

3. Frase que explica la forma a la que responde la pieza, por ejemplo: vaso para beber.
4. Información acerca del contenido o del uso del objeto.
5. La clausura servía para nombrar al dueño o patrón de la vasija, listando sus títulos y ocasionalmente el nombre de la persona.

Durante el Preclásico y Clásico mayas no se empleó el torno. Se partía de una masa circular de arcilla a la que se agregaban tiras de barro enrollado que se modelaban hasta lograr la forma final. A pesar de la poca sofisticación de la técnica, la extraordinaria habilidad de los alfareros lograba resultados simétricos que permitían estabilidad y balance.

Los dibujos se lograban gracias a una base de arcilla cocida, llamada pintura de engobe o "terra sigillata". Los griegos antiguos también utilizaron esta técnica, pero nunca lograron superficies tan luminosas ni el efecto de transparencias que obtuvieron los mayas. Cabe destacar que una vez puesto el engobe, ya no se podía remover sin dañar la superficie, de modo que si el artista cometía un ligero error, debía romper la pieza y comenzar de nuevo.

Tras la pintura, las piezas eran horneadas a bajas temperaturas (alrededor de 800° C), para conseguir una atmósfera de oxidación controlada. Resulta interesante que, a pesar de la gran cantidad de cerámica que se ha encontrado en la zona maya, en las excavaciones arqueológicas no ha aparecido un gran número de hornos, lo que se ha interpretado como un control sobre este arte. Sin embargo, se pueden obtener recipientes de barro perfectamente cocidos en pozos de cocción abiertos, siempre y cuando el alfarero conozca todos los aspectos técnicos del proceso: el empleo de maderas finas que tarden en arder y la adecuada colocación de las vasijas para que las superficies se protejan del fuego y las cenizas.

Una de las principales funciones de la cerámica maya se daba en los entierros funerarios; aunque también hay indicios de vajillas bellamente decoradas que seguramente servían a las mesas de nobles, como los eventos sociales con ricas viandas que se plasmaron en algunas piezas. Asimismo, sabemos que la cerámica servía de intercambio para la alta jerarquía social, y un plato o un vaso podían aplacar la guerra de un pueblo invasor. Por ejemplo, existe un vaso en el que se muestra mediante pintura y jeroglíficos una reunión entre los señores de Tikal y los del un sitio cercano, denominado Topoxté. Es común encontrar imágenes del acto de presentación de tributo en la cerámica del periodo Clásico, cuando las ciudades-estado subordinaban a los pueblos vecinos. En las vasijas, además de banquetes y pagos de tributos, se pueden ver escenas mitológicas, guerreros, sacrificio de prisioneros, el juego de pelota, etc.

El plato

La concepción cosmológica maya parte de la figura perfecta: el círculo, que manifiesta el inicio y el fin de manera conjunta y, por tanto, plasma al universo entero. Podemos observar esta complicada abstracción en el plato, quizá el elemento de vajilla más importante, pues con su forma circular nos remite a los ciclos de la vida. De hecho, para garantizarlos, era necesario ofrendar sobre ellos los frutos de la tierra.

En Pomoná, Tabasco, por ejemplo, se encontró un magnífico plato en el que un artista del Clásico plasmó una serpiente emplumada, que solemos identificar con *Kukulcán*. No obstante, una revisión detenida de la efigie muestra que contiene los atributos de *K'awiil*, una deidad de primer orden en el panteón maya. Una de sus piernas tiene forma de serpiente y es su coesencia espiritual, que comparte el complejo simbolismo del poseedor. La cabeza está cubierta por el signo de Venus, lo que ratifica la hipótesis del culto a la tierra, y lleva una diadema o tocado de plumas, que responde a la supremacía de los vientos. El investigador Eric Velásquez García afirma que se trata de un dios celeste y luminoso, asociado con la lluvia, el rayo, el maíz, las fuerzas generadoras de vida, el autosacrificio, la adquisición del poder y las visiones chamánicas.

De hecho, este plato funciona como extensión del dios. Su materialización representa el vínculo entre el Supramundo, circunferencia que encierra a *K'awiil*, y el mundo, circulo externo donde se encuentran los glifos, para que los hombres puedan descifrarlos. Además, gracias a la interpretación del texto, sabemos que el plato de Pomoná sirvió para contener atole, la bebida, denominada *ul* en las lenguas mayas, y que también sirvió para los *way*, tamales.

Debido a su forma circular, era necesario colocar puntos o referencias en los platos: el inicio o final, y una señal a fin de saber la dirección para una lectura correcta. En este caso, se debe comenzar la lectura justo debajo de las fauces, donde se encuentra un signo similar a una letra "c" invertida.

En este plato del Clásico Tardío, se aprecia la relación del mito con los ciclos de la vida, pues el dios del maíz emerge de una tortuga, símbolo de fertilidad y abundancia, mientras lo flanquean los gemelos divinos del Popol Vuh. Los signos de escritura en la parte superior y en el fondo enfatizan la función ritual de este objeto.

El vaso

Probablemente la cerámica más característica de la zona son los cilindros, llamados "vasos mayas", cuya superficie es ligeramente convexa, lo que dificultaba aún más el preciosismo de las formas.

Debido a los análisis químicos que se han realizados en los vasos mayas, sabemos que se utilizaron en ceremonias, a manera de contenedores de semillas, pétalos de flores e incluso miel o agua, como parte de la ofrenda a los dioses. También se les puede relacionar con la representación de la ceiba, el árbol sagrado; los estudios de Alfredo López Austin en relación con la importancia de los árboles cósmicos mesoamericanos, nos permiten identificar en las formas cerámicas su concepción mitológica. Los objetos cilíndricos altos, los vasos, representaban —al igual que la ceiba— la unión entre los distintos planos del universo, se les considera como *axis mundi* capaces de contener las ofrendas máximas para los dioses.

Mediante los árboles-vasos se dotaba a las fuerzas sagradas del universo con las sustancias más preciadas para dioses y hombres: la sangre y el maíz. Estos contenedores eran parte del camino de los dioses, por su función de vía de comunicación entre las moradas; flujo de energía que evocaba al inicio de los tiempos a través de una matriz, laboratorio arquetípico de la cultura.

Los vasos funcionaban como una especie de atanor alquímico, capaz de transformar la materia más ruin en sustancias sutiles. Es por ello que estos objetos también servían para contener bebidas preparadas con cacao. El mítico fruto se utilizaba en ceremonias importantes como enervante, pues también era considerado como la semilla del cosmos. A través de un plano de conciencia alterno, se posibilitaba la comunicación con los dioses.

Ejemplo de estas relaciones es un vaso de procedencia desconocida, que se reproduce en la página siguiente, con figuras delineadas en negro sobre fondos terracotas y blancos que ilustran una procesión femenina. La desnudez de las mujeres refuerza el sentido de receptáculo ya que, tanto ellas como el vaso mismo, están disponibles para la fertilización. En la parte de abajo se adivina un camino de semillas de cacao, así como un caracol que marca los ciclos venideros. Una de las mujeres porta un tocado con una flor fecundada por un ave y sostiene un bastón de mando, atributo del dios *K'awil*. La referencia al falo es innegable y la decoración con abanicos y dos hachuelas muestra el rango de la mujer,

Los vasos son una forma de cerámica muy abundante en la región maya; si bien parece probable que su origen esté en los contenedores teotihuacanos, fue aquí donde llegaron a su mejor expresión. Los que ostentan decoración profusa se han encontrado como parte de las ofrendas funerarias, pero también hubo otros más sencillos para el uso cotidiano.

por lo cual podemos inferir que se trata de una sacerdotisa que preside la ceremonia de fertilización de sus alumnas.

Incensarios

Excavaciones relativamente recientes en Palenque arrojaron datos fascinantes para el uso extensivo del incensario como protagonista de las ceremonias religiosas, no sólo de esta ciudad, sino de todo el mundo maya.

En 10 años se han encontrado más de 100 incensarios compuestos, llamados así porque están formados por dos elementos: el pedestal y un cajete-brasero que se colocaba en la parte superior; este último es de forma cónica y sirve como receptáculo de las sustancias ofrendadas. Las dos secciones que se adosaban en los laterales, llamadas "aletas", se empleaban para transportar los objetos. El tronco de los incensarios es hueco, para permitir el libre tránsito de los gases, que fluían como savia a través de las chimeneas y podían recibir el hálito de los dioses durante el tiempo sagrado del rito.

Al analizar la construcción simbólica de los incensarios se puede ver que, al igual que los vasos, responden a la composición del cosmos. Estos objetos parten de la unidad de la ceiba-cocodrilo, que representa el nivel inferior, donde se juntan el tronco y las raíces. En la mayoría de los casos, se cuenta con la imagen del monstruo *Imix*, relacionado con el Inframundo y que también hace referencia al árbol sagrado. Con el lagarto frecuentemente se confundió el tapir y el ofidio, y para el Posclásico su representación es más bien naturalista.

Otras deidades presentes en los incensarios pueden ser el Sol Joven o el dios Jaguar del Inframundo. El primero nos remite al nacimiento de un nuevo ciclo y el segundo al viaje del astro por la noche, lucha emblemática que garantizaba el nuevo día. Encima del mascarón de la deidad, colocados uno arriba de otro, se representaban diferentes animales, como el murciélago —señor de la noche— y aves —vehículo de los dioses—, así como seres fantásticos que emulaban las maravillas reinantes en el Supramundo, pasajes del sol en la bóveda celeste.

Las ofrendas provenían de la tierra y se depositaban en estos objetos para quemarlas. El fuego transformaba las sustancias en humo que, finalmente, el viento lanzaba directamente hacia los cielos, lugar de reunión divina. Se pensaba que los dioses se comunicaban a través

Los incensarios de la ciudad de Palenque, Chiapas, muestran un extraordinario dominio de la técnica cerámica; en esta pieza se hace evidente la precisión del artista para lograr una figura que reúne profundos simbolismos del Clásico maya a partir del pastillaje.

de su aliento, por ello la quema de resinas naturales —como el copal— quemadas con sangre o semen, propiciaban una atmósfera especial.

Simbólicamente, la quema del olote del maíz con el copal permitía a las semillas fecundar a la tierra y las volutas de humo eran la palabra sagrada que ordenaba el florecimiento. Los hombres contribuían a la regeneración continua del cosmos con la entrega de las mismas sustancias que se habían utilizado para formarlos.

Figurillas

Las esculturas de bulto redondo en cerámica florecieron en todas las áreas y durante todos los periodos; si bien uno de los centros más famosos por su producción es la isla de Jaina, que en maya significa "Lugar de la casa del agua". Se localiza sobre una prolongación de la costa de Campeche, en una zona de poca vegetación debido a la abundancia de tierra caliza.

El preciosismo con el que están realizadas las figurillas de Jaina somete las formas a un impecable realismo que habla de la sociedad, sus clases, sus costumbres e, incluso, de la fisonomía en la congelación de los gestos. El arqueólogo Román Piña Chán ha inferido que se trataba de un arte funerario, pues fueron encontradas en enterramientos en su totalidad. Las ofrendas acompañaban al muerto para que pudiera transitar del ámbito terreno a *Xibalbá* —el Inframundo.

Adicionalmente, las estatuillas constituyen una fuente indiscutible para conocer a los pobladores de Jaina, cuyas principales características físicas fueron: pliegue epicántico, nariz aguileña, pómulos prominentes, pelo lacio y estatura baja. Asimismo, muestran los ritos que alteraban la fisonomía, de acuerdo con la jerarquía de los personajes retratados, como la deformación craneal y el uso de orejeras, narigueras o perforaciones en los lóbulos, así como escarificaciones en el rostro.

En ellas también se puede apreciar el mosaico social, sobre todo en las vestimentas. Por ejemplo, el Museo Nacional de Antropología e Historia cobija una estatuilla del gobernante, el *Halach Uinic* con delicado tocado de plumas de quetzal y una serpiente; porta una pechera, braguero con ancha faja a la cintura, sandalias con taloneras, orejeras circulares, boquera y brazaletes. Lo anterior identifica al personaje con cierto aire felino, como depositario de la tradición.

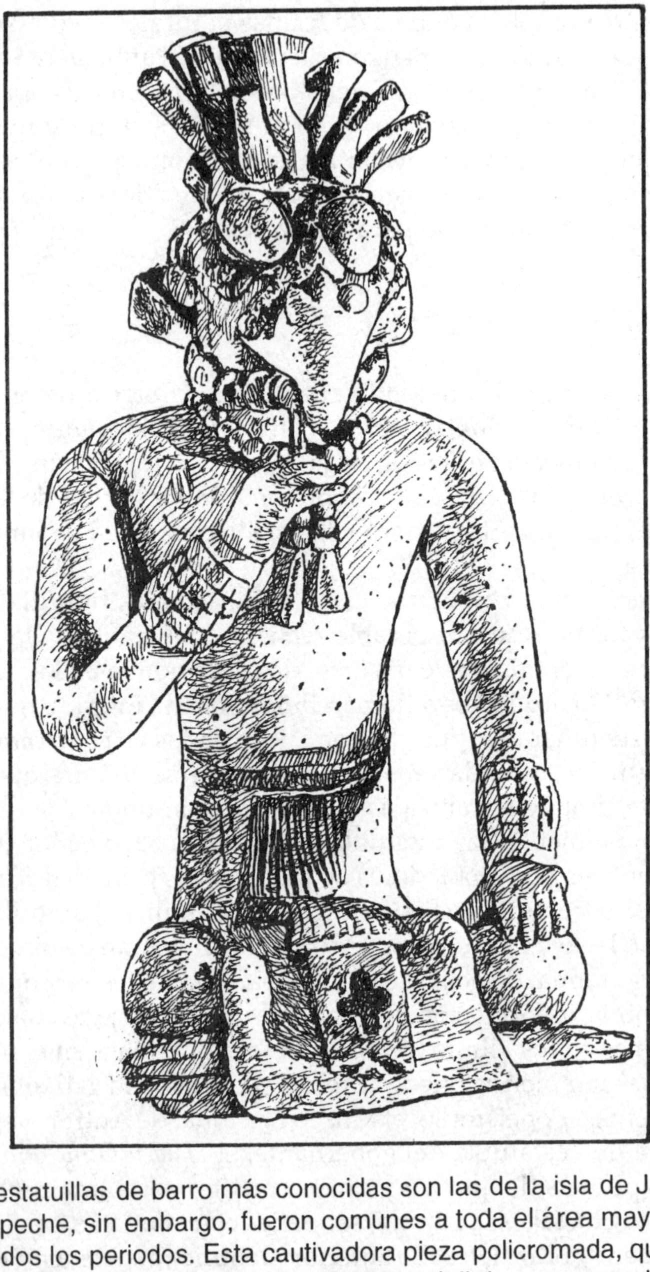

Las estatuillas de barro más conocidas son las de la isla de Jaina, Campeche, sin embargo, fueron comunes a toda el área maya y a todos los periodos. Esta cautivadora pieza policromada, que representa a un dignatario con máscara móvil de ave, procede del Edificio 3 de Palenque.

Guerreros, jugadores de pelota, sacerdotes, sacerdotisas, trabajadores, parteras, alfareros, campesinos e incluso enanos y personas con alguna malformación, conviven con las tejedoras que, si bien no es contundente que se dedicaran a esta actividad, portan un huso con hilo. Ellas visten una falda larga, medias mangas y el *quechquémetl* o chal que cubre sus senos. Portan un collar doble de cuentas, orejeras de tapón y peinado en trenzas, que parte sus cabelleras en dos al frente.

Las tejedoras de la nobleza, cuya diosa protectora era *Ix Chebel Yax* —vieja diosa verde del tejido—, confeccionaban los trajes de los grandes personajes e incluso llegaba a teñir las telas. Frecuentemente las acompañaba un loro domesticado en su labor; esta ave quizá tuviera la connotación simbólica de dar aliento para acabar de manera rápida labor tan exigente.

Calakmul: un estilo particular

Calakmul cultivó un atractivo tipo de cerámica que paulatinamente fue compartido por toda la zona de Campeche: diversos objetos que han sido sometidos a análisis químicos revelan una mezcla de arcillas y desgrasantes de la región. Uno de los rasgos más bellos de estas manifestaciones artísticas es, sin lugar a dudas, la decoración denominada "códice". Ésta se limita a la cuenca de El Mirador, en el norte de Guatemala, por lo cual inferimos que no fue utilizada como tributaje o intercambio entre diferentes poblaciones.

Las funciones rituales parten del lugar mismo de la creación, debido a que este corredor se consideraba como uno de los sitios míticos por donde habían descendido al Inframundo los gemelos del *Popol Vuh*.

Todos los vestigios de este tipo cerámico se encontraron en túmulos funerarios. Uno de sus emblemas es el uso del glifo con la cabeza de serpiente pero, todavía más, la procesión de personajes, que en varios casos hablan de la sucesión dinástica.

Una vasija para usar

A partir de los tres últimos siglos del periodo Clásico (550-850 d.C.) se presenta una etapa de grandes transformaciones. Si bien afirmamos que para la época anterior la cerámica policromada sirvió en mayor medida como arte funerario, para esta etapa y para el Posclásico, las superficies desgastadas revelan que los utensilios también fueron empleados para servir comida o verter bebidas.

Asimismo, durante estos periodos se intensificó su uso como "moneda social" y se propició la complicación de diseños, lo que convirtió a la cerámica en una eficaz portadora de identidad. Los talleres aumentaron su productividad y a los artistas se les encomendaron tanto los aspectos prácticos como los místicos. Pero, si bien la creatividad abría las puertas de la imaginación, cualquier vasija por pequeña que fuera era sometida al rigor de la calidad.

La evolución de diseños partió de las transformaciones ideológicas de cada pueblo. La cerámica maya constituye una fuente de información sorprendentemente rica; si bien aún necesita mayores estudios que nos ayuden a comprender el devenir cultural de la región. La historia, la ideología, el ser político y el social se dirimen en barro.

6

Color, historia y religión: pintura mural

Las paredes pueden hablar. Desde tiempos remotos y hasta nuestros días, el hombre ha pintado escenas rituales y seculares sobre muros, para crear certeza de trascendencia: la mente reconoce que no son espacios para desperdiciar con cualquier cosa. Cuando están en el exterior, transmiten un mensaje masivo; en tanto en interiores se dirigen a grupos pequeños, elites. Los pueblos de todo el mundo los han hecho y los mayas no fueron la excepción.

Sin embargo, debido a la poca durabilidad de los materiales y al clima de la región, quedan escasos restos de pintura sobre fachadas y relativamente pocos ejemplos en interior. Se conocen —hasta ahora— tan solo dos sitios en Belice, 13 en Guatemala, uno en Honduras y poco más de 100 en México, en los que se puede apreciar esta forma de arte.

El estudio de estos ejemplares muestra que los artistas comenzaban por trazar las figuras con una línea clara, usando pinceles muy finos, sobre el muro cubierto con estuco; después coloreaban, para lo que podían valerse de ayudantes y, por último, delineaban las figuras con rojo o negro. Normalmente se usó la técnica conocida como "temple", en la que los colores se mezclan con agua y una goma orgánica que proporciona la fricción indispensable para pintar sobre el muro seco —en el caso maya se usó, entre otros, jugo de ceiba.

Los pigmentos se obtenían de flores, raíces, tallos, conchas marinas, minerales, arcillas, óxidos, cal y carbón vegetal. En general se obtuvieron colores brillantes, pero ninguno ha atraído tanta atención como el llamado "azul maya", no sólo por su tonalidad —que se suele describir como "igual a la superficie del mar Caribe"—, sino también porque al paso de los siglos no ha perdido sus características estéticas y químicas. No lo afectan cambios en el pH, solventes ni biodegradación; y si bien se ha logrado reproducirlo en el laboratorio, todavía no alcanza la plena estabilidad que lograron los mayas.

El mural maya más antiguo que se ha encontrado corresponde al año 100 d.C. y ha abierto nuevas perspectivas sobre la cultura maya del periodo Preclásico. Lo descubrió William Saturno en 2001, en un túnel excavado por saqueadores en San Bartolo, Guatemala, un sitio cercano a Tikal. A principio fueron unos fragmentos con personajes, pero en el 2003 se limpió un magnífico mural de una pared de lo que fue una construcción. La pintura representa, como tema principal, al dios del maíz acompañado de otros personajes subidos en el dorso de una serpiente emplumada representando el viaje del inframundo a la tierra, significando el origen del maíz y del hombre. Otros motivos y personas completan la decoración, toda ella en tonos amarillos, rojos y negros.

El periodo Clásico

Como sucedió con otras formas de arte, durante el Clásico Tardío la pintura maya llegó a su máximo esplendor, pero esto no se conoció hasta la segunda mitad del siglo XX. En realidad, antes de esa fecha se habían descubierto muy pocos murales, además del que el estadounidense Sylvanus Morley reportó en 1937, en el edificio B-XIII de *Uaxactún*, que probablemente corresponde al siglo V d.C. En tonos rojos, pardos, marrones y negros, representaba tres damas sentadas ante un edificio y dos hombres enfrascados en una conversación, uno de ellos con el cuerpo pintado de negro, índice de su estatus de guerrero; al otro lado, dos hileras de personajes tocan instrumentos musicales mientras otros los miran o hablan entre ellos. Esta pieza se ha interpretado de diferentes maneras, pero la mayoría de los especialistas coinciden en que representa una ceremonia de carácter civil.

Por otra parte, desde finales del siglo XIX se hablaba de la existencia de unos magníficos murales ocultos en la selva lacandona, aunque nadie había podido encontrarlos. Afortunadamente para nuestro conocimiento de la cultura maya, en 1946 un grupo de indígenas lacandones llevó al fotógrafo y cineasta Giles Healey, a un edificio con tres cámaras completamente cubiertas de pinturas; se notificó el hallazgo de inmediato y pronto comenzaron los estudios. Por ese tiempo, Morley bautizó el sitio como Bonampak, que significa "muros pintados".

No cabe duda de que estos murales son de lo mejor conservados del toda la zona; esto se debe a que sobre ellos se formó una capa de carbonato de calcio que los protegió. No obstante, su estado se está degradando, al grado que se ha considerado la posibilidad de cerrar el sitio a los visitantes; tanto por problemas de humedad, como para evitar los golpes de luz sobre los muros, ya que ambos provocan desvanecimiento de la gama cromática y pérdida de la capa pictórica.

Las pinturas de Bonampak cambiaron muchos conceptos sobre los mayas, especialmente la idea de que fueron pueblos pacíficos, dedicados a la observación del cielo. Dentro de la Cámara 1, rodeando el espacio donde comienza el techo, se puede ver una inscripción que indica la participación de miembros de la más alta elite de Yaxchilán y una fecha que corresponde al año 790. Sobre ella, y a lo largo de los muros laterales, se desarrolla la escena principal, que seguramente es la presentación oficial del heredero. Aparecen un niño pequeño, algunos sirvientes o sacerdotes de menor jerarquía y un personaje que se distingue por sus vestidos y tocado, a quien se ha identificado como *Yajaw Chan Muwuaan*, el último soberano de Bonampak. También están 14 hombres cubiertos con capas blancas, que fueron miembros de la nobleza, pues algunos están señalados con el signo *ajaw*. A pesar de que su categoría es evidentemente inferior a la del personaje central, son ellos quienes dominan la escena y se les representó con mayor detalle en sus rasgos y vestimenta, lo que algunos especialistas entienden como un aumento del poder de la nobleza inferior. Sobre el vano de entrada aparecen tres individuos tocados con plumas verdes y ataviados con pieles de jaguar y serpiente que se preparan para la "danza del quetzal", según se ha traducido en la inscripción.

En el espacio inferior, que corresponde a los muros, se ven músicos en una especie de procesión sobre un fondo color turquesa —el famoso azul maya— y el significado que tuvo la música para los mayas se hace patente en el cuidado con que fueron trazados. Junto a ellos está un pequeño grupo de actores o bailarines, pues llevan atuendos especiales y máscaras. Destacan un cangrejo, un lagarto, dos jugadores de pelota y otro cuya cara está descubierta, pero que lleva un tocado que lo identifica como el dios del maíz.

La segunda sala es la más amplia y la fuerza de las pinturas también es mayor. Tres muros están cubiertos por la representación de una batalla en la que combaten ferozmente un gran número de guerreros trazados con gran maestría y profundo conocimiento anatómico; sus rasgos faciales están bien diferenciados y sus cuerpos, en distintas posturas. En el muro sur aparecen el soberano y los nobles, armados con lanzas y en actitud de ataque; se les distingue por la elegancia de su atuendo y armas: pieles de jaguar, adornos de cabeza muy elaborados, pectorales, sandalias que cubren los tobillos, lanzas decoradas, etc.

Es claro que el mural tiene una intención narrativa. La batalla inicia en el muro este, a la derecha del acceso; llega a su culminación en el sur, donde aparece el guerrero-sacerdote, y en el oeste se toman prisioneros. El realismo de la interpretación logra provocar sentimientos de angustia en el espectador, que se afirman en el muro norte. En la porción inferior se pueden ver guerreros formados cerca de la base de una escalera de siete peldaños, probablemente la de la acrópolis de Bonampak. Sobre ella, aparecen los miembros de la elite; sólo hay dos mujeres y esta escasa presencia podría indicar el grado de participación femenina en la sociedad. Un hombre cubierto con pieles dirige su mano al soberano, como entregándole una esfera pequeña, seguramente jade, mientras en la otra lleva plumas de quetzal, los tesoros más preciados. A sus pies, un individuo desnudo parece suplicar clemencia.

Los prisioneros están distribuidos en la escalinata, y el dolor y el miedo se aprecian con claridad en sus rostros y posturas. Las manos de algunos, los del lado derecho, sangran; mientras que las de los del lado izquierdo se levantan en actitud suplicante o de protesta. En el centro se ve un hombre evidentemente herido, con el pie sobre una cabeza decapitada, que para muchos especialistas ejemplifica la maestría de los pintores mayas. Su precisión anatómica es indiscutible y, además, el cuerpo se trazó fugado hacia los pies del soberano, lo que lo convierte en la figura más relevante de la composición. Resulta muy interesante que en el cielo se hayan trazado estrellas (Orión y probablemente Géminis), que indican que el acto se celebró cerca del amanecer.

En la tercera sala sobresalen varios personajes que llevan a cabo una danza ritual y visten ropajes muy complicados, que incluyen una especie de "alas" multicolores que les salen de la cintura. Uno de ellos está de pie sobre la cumbre de un templo, claro indicio de su rango; dos más lo flanquean, pero están en el peldaño inmediato inferior, y el resto está junto a la base. En el muro frontal aparecen varios personajes: hacia la bóveda, algunos nobles cubiertos con capas; bajo ellos, otros están sentados al estilo oriental y llevan elegantes tocados y taparrabos de diferentes colores. En el espacio inferior, dos individuos portan estandartes y unos músicos parecen caminar con sus trompetas y maracas. El muro trasero muestra a un hombre y a cinco mujeres vestidas de blanco; dos de ellas se perforan la lengua para ofrecer sangre ritual y otra sostiene un bebé.

En las tres habitaciones hay muestras de escritura, algunas de las cuales ya han sido descifradas, así como espacios que evidentemente debían servir para ese fin, pero están en blanco. Tal vez faltó tiempo: Bonampak fue abandonada muy poco después. Indudablemente, estas pinturas son una obra maestra, no sólo del Clásico maya, sino del arte mesoamericano. También son las más completas y las que se han encontrado en mejor estado, pero evidentemente no son las únicas.

Por ejemplo, bajo la estructura 1 de la Sufricaya, Guatemala, se encontró en 2001 un fragmento de 3 por 2 metros, que se ha fechado en el siglo V d.C. Con pintura roja, amarilla y negra, se representó el ascenso al poder de un gobernante local, probablemente con el apoyo de Teotihuacán; ya que, si bien el estilo es afín al maya, las proporciones corporales de las figuras son más similares a las que se usaban en aquella ciudad. Es decir, aquí vemos una prueba más de las relaciones panmesoamericanas.

Por otra parte, en varios edificios del Palacio de Palenque se han identificado restos de pintura mural con motivos geométricos, cenefas, textos y figuras humanas y de animales. Destaca el Edificio E, en cuya fachada parecen ondular cuadrados con trazos rojos, azules, amarillos y negros. Adicionalmente, en 2002 se descubrió una tumba en el Templo XXII, con una ofrenda muy rica y pintura mural, que todavía están en estudio.

Por lo que respecta a la zona norte, destaca Chacmultún (Yucatán), donde se descubrieron desde finales del siglo XIX dos edificios con murales pintados durante el Clásico Tardío en un estilo similar al de Uaxactún. En ellos se pueden ver diversos personajes escasamente vestidos, pero con tocados, armas, sombrillas y otros objetos. La mayoría se asocia a templos, escaleras o edificios con techos de palma, y mientras algunos permanecen estáticos, otros parecen caminar, subir... Todo indica que las escenas están divididas en cuadros y al parecer representan ceremonias de carácter civil. Adicionalmente, en el Museo Regional Palacio de Cantón, en Mérida, se exhibe una pintura que procede de Mul-

Entre las pinturas murales del Clásico, las de Bonampak, Chiapas, son las mejor conservadas; paradójicamente, porque un defecto en la construcción permitió filtraciones de agua que formaron una capa protectora. Gracias a esto hemos podido constatar el profundo conocimiento anatómico y la habilidad de los artistas mayas. En la ilustración el gobernante de Bonampak *Chan Muan* se levanta con gesto de triunfo sobre los enemigos capturados.

chic, una pequeña zona arqueológica cercana a Uxmal. Evidentemente, también corresponde al Clásico Tardío y en ella se pueden ver —enmarcados por una banda de glifos— hombres vestidos con taparrabos que combaten fieramente y otros que han muerto bajo el peso de grandes piedras, acuchillados o ahorcados. También se muestra la captura de prisioneros, en la que resaltan dos hombres con el cuerpo pintado de negro y navajas de obsidiana.

En términos generales, se puede concluir que la intención de la pintura mural del Clásico maya es narrativa, y codifica su historia en temas como la guerra, el sacrificio, la humillación de los vencidos y el ritual. Es un reflejo del pensamiento de esta cultura, que servía para enseñar y dignificar, por medio de la recreación de espacios y la evocación de otras realidades; aunque no tiene una lectura única. Claramente está centrada en la figura humana y sus protagonistas son miembros de la nobleza, sacerdotes y dioses antropomorfos; aunque también hay seres míticos, vegetación, textos, formas geométricas y algunos animales. El estilo es simbólico y curvilíneo, con contornos delineados y formas y colores que se apegan a la realidad de los objetos. La composición es simétrica, frecuentemente en pirámide, por medio de espacios horizontales; no hay uso de perspectiva, pero lo más cercano al observador se representa en los espacios inferiores, con lo que se logra un efecto de profundidad. Cabe destacar que en Bonampak se usó el escorzo o perspectiva de frente. La figura humana se representa con gran realismo, casi siempre de perfil o sentada con las piernas cruzadas, y los personajes que aparecen con el cuerpo de frente, en una posición más alta u ocupando un espacio más amplio, suelen ser los de mayor jerarquía.

El Posclásico

La pintura, como todas las manifestaciones artísticas mayas, sufrió cambios durante el Posclásico. Debe recordarse que el periodo se caracterizó por movimientos migratorios y, entonces, es lógico que refleje influencias externas combinadas con la tradición maya. Con seguridad, esta mezcla se ve con mayor precisión en Chichén Itzá, y probablemente las pinturas más conocidas sean las de la Subestructura del Templo de los Guerreros.

La que se ha bautizado como "escenas de la vida maya en una aldea a orillas del mar" presenta, en su franja inferior, tres canoas con

Durante el Posclásico la pintura se centró más en temas cotidianos, como el comercio y las actividades domésticas, tal como se aprecia en este mural de la Subestructura del Templo de los Guerreros de Chichén Itzá; sin embargo, no deja de estar presente la divinidad: en este caso *Kukulcán* preside la escena.

remeros, en las que guerreros con armamento y vestidos del altiplano patrullan la costa, así como ejemplos de la fauna marina. En tanto, la superior incluye chozas y a sus habitantes realizando actividades cotidianas; plantas, animales y deidades.

El "ataque a una aldea y sujeción de cautivos" representa una superficie de agua, rodeada por una franja de piedras y habitada por peces, aves y otros animales, donde se ha entablado la lucha. Junto a ella, aparece una aldea con chozas y edificios de mampostería, sobre los cuales continúa la batalla. En la franja inferior está el "desfile de prisioneros", con una serpiente emplumada y guerreros de color oscuro que llevan presos a otros, con franjas rojizas pintadas en el cuerpo.

La complejidad de la composición en los murales del Templo de los Jaguares es mucho mayor y sus escenas, más dinámicas. Se pueden ver serpientes emplumadas, casas y algunas mujeres que cargan niños y llevan a cabo tareas cotidianas o, tal vez, un ritual. Mientras, un gran número de guerreros —no mayores de 20 cm. cada uno— se enfrentan unos contra otros y enarbolan lanzas y escudos azules. Destacan los discos solares, iguales a los que se pueden ver en los dinteles de madera, pues algunos especialistas encuentran en ellos una influencia mixteca.

Es decir, al inicio del periodo Posclásico, el tema primordial también es la guerra, pero se combina con escenas de la vida cotidiana; los dioses se representan de manera aislada y sólo excepcionalmente se asocian a algún personaje. También hay introducción de símbolos y elementos nuevos, destacadamente la serpiente emplumada y el disco solar con rayos triangulares. Adicionalmente, se aprecian la sustitución de algunas líneas curvas por ángulos, el uso de franjas para acentuar o delimitar los espacios y los accesos están enmarcados por una o dos líneas paralelas de diferentes colores.

Todas estas diferencias se fueron acentuando con el tiempo. Cabe recordar que durante los siglos anteriores a la llegada de los españoles se intensificó la actividad comercial y, junto con las mercancías, llegaron ideas procedentes de sitios muy diversos. Así se puede ver en el límite sur de la costa oriental, en Santa Rita Corozal, Belice. Desafortunadamente sus extraordinarios murales, descubiertos a finales del siglo XIX, estaban en el exterior y han desaparecido; sólo se conservan unos dibujos en los que se ven personajes sentados o en posturas dinámicas, que portan objetos de diseño muy complejo y llevan tocados, capas, sandalias y pintura corporal. Se ha identificado a algunos de los personajes como dioses y, dado que algunos tienen cordones en las muñecas que podrían significar el "atado de años", varios investigadores consideran que las escenas se refieren a la celebración del *katún*. Están enmarcados por una banda con cuchillos, flechas y signos de Venus; además, entre ellos aparecen el glifo *ahaw*, numerales de punto y barra, y elementos de origen "extranjero" como discos solares.

Tulúm es una ciudad especialmente rica en murales. En el Templo de los Frescos, por ejemplo, se pueden ver figuras de dioses, divididas por anchas bandas en las que aparecen nudos, flores, mazorcas y otros productos vegetales, lo que muestra claramente una relación con ritos agrícolas. Por su parte, las pinturas de la Estructura 5 se dividen en tres niveles, separados por serpientes entrelazadas, que se han interpretado como los niveles del cosmos, en los que se acomodan por parejas deidades femeninas y masculinas.

En realidad todos los sitios de la costa oriental —como El Rey, Xelhá, Tancah, Rancho Ina, Ixmiché, San Gervasio y otros— incluyen características similares. Muestran un cambio profundo en la mentalidad, pues ha disminuido el interés por relatar las hazañas de la nobleza y ahora la pintura se centra en la cosmovisión, los dioses y la supervivencia. Hay un énfasis en los tres niveles del cosmos y los ciclos de los astros, que se representan por medio de *Itzamná, Chaac, Ek Chua, Ixchel* y otras deidades. Sobre todo, acentúan los ritos agrícolas: adivinación, lluvia, vida y muerte, fertilidad, etc.

En estos murales se suelen encontrar varias capas de estuco superpuestas, lo que indica cambios en la temática. En todos los casos, las proporciones están intencionalmente alejadas de la naturalidad; la complejidad de los detalles —trajes, tocados y otros atributos— es casi abrumadora, y la precisión en los trazos, simplemente extraordinaria. Los contornos son más secos y se utiliza la superposición de color para crear una ilusión de volumen o redondez. Las escenas se colocan horizontalmente, limitadas por bandas con símbolos celestes, terrestres y del Inframundo y las figuras se delinean, con rojo o amarillo, aunque los colores que predominan son el azul y el negro. Es importante destacar que muchos especialistas encuentran una profunda similitud entre los murales del Posclásico Tardío y los códices París y Madrid, así como con los elaborados en las zonas de Oaxaca y Puebla, junto con conceptos y deidades de origen maya. Se ha llamado "estilo costa oriental" a esta combinación de elementos.

Testimonios policromos

Desafortunadamente, el tiempo, el calor y la humedad destruyeron la mayoría de los murales, pero los pocos ejemplos que llegaron a nuestros días muestran con claridad el esplendor maya.

7

Símbolos de grandeza: textiles, plumaria y joyería

Un hombre joven se reclina hacia atrás. Mantiene su cabeza erguida, con gesto orgulloso, está adornada con diadema, lazos y plumas. Sólo una faldilla cubre el esbelto cuerpo, pero su diseño es sumamente complejo y se sujeta por medio de un cinturón muy ornamentado. Ciertamente no son aderezos lo que falta, pues luce orejeras, brazaletes, tobilleras y un pectoral en forma de tortuga o armadillo.

Se trata de la extraordinaria figura central de la lápida del Templo de las Inscripciones de Palenque. La habilidad artística impresionante se evidencia en la precisión del labrado y la exquisitez de la composición de esta pieza pero, además, en ella se pueden estudiar diversos aspectos de la cultura maya. Llama especialmente la atención la forma de vestir: el refinamiento evidente de la faldilla, la complejidad del tocado y la delicadeza de los múltiples adornos no dejan duda sobre la categoría del personaje palencano. Incuestionablemente, el atuendo es la forma de presentarse y dar un mensaje personal al "otro", ya sea súbdito o igual.

El pensamiento y la organización social de un pueblo se muestran con gran elocuencia en las llamadas "bellas artes" (arquitectura, pintura y escultura) aunque, tal vez, las costumbres y el modo de vida se aprecian más claramente en los objetos de uso diario. No obstante, muchas veces se les considera sólo como productos artesanales, apenas hijos de un proceso técnico y repetitivo. Es importante, entonces, recordar que los objetos cotidianos parten de un delicado proceso de diseño que busca resolver problemas prácticos con la mayor belleza posible, a par-

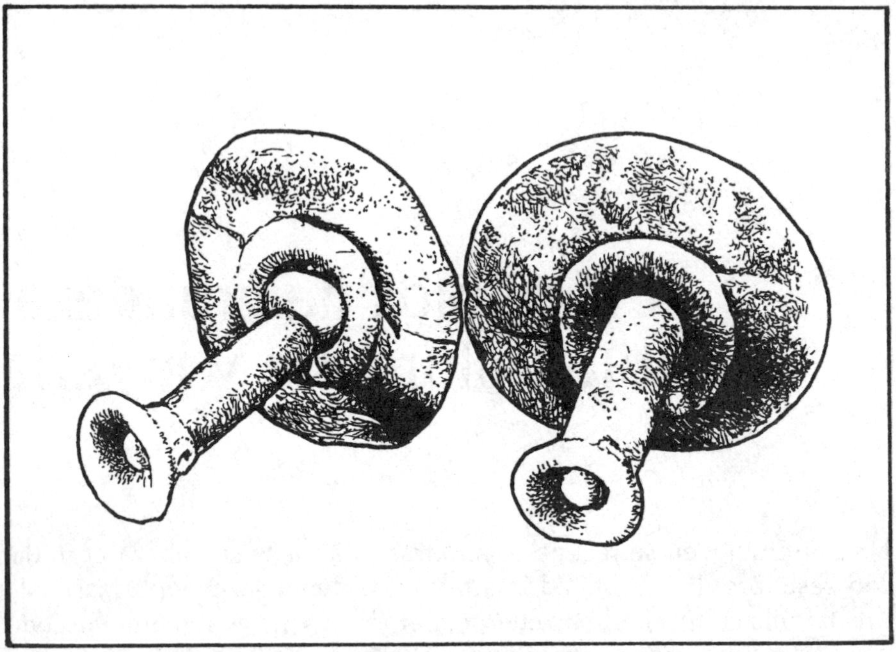

El uso de orejeras fue común a toda el área mesoamericana y se hicieron con diversos materiales, como jade, obsidiana e, incluso, metales como el oro. Éstas son de jadeíta y corresponden al Clásico Tardío; representan una flor que simboliza la fertilidad del portador: el disco es el cáliz y las piezas alargadas, los pistilos.

tir de los sentimientos, las vivencias y la cosmovisión de los artífices. Es decir, el esplendor maya habita en la ropa y los adornos del mismo modo que en los templos, las estelas labradas y los murales.

El arte textil

Pocos objetos cotidianos pueden ser tan elocuentes como los textiles. Desafortunadamente, el calor y la humedad característicos del área maya no favorecen su conservación y por eso apenas han llegado a nuestros días unos 600 fragmentos de telas antiguas. La mayor parte de estas muestras corresponde al Posclásico Tardío y las más añosas se han datado entre el 250 y el 550 d.C. Paradójicamente, la mayoría se encontró dentro del Cenote Sagrado de Chichén Itzá, donde el lodo del fondo los protegió de cambios ambientales.

Gracias al estudio de estos vestigios, se ha comprobado que desde tiempos muy antiguos se utilizaron el algodón nativo, ya fuera blanco o pardo, y algunas fibras duras, especialmente el henequén. También que se fabricaron desde lienzos muy sencillos hasta tejidos sumamente complejos, y que se conocieron varias técnicas de bordado. Del mismo modo, sabemos que se coloreaban tanto hilos como telas, por medio de tintes naturales combinados con diversas plantas y minerales que servían para fijar, entonar y favorecer la recepción del color. Aunque no hay una certeza absoluta, se cree que se emplearon, para el rojo, la grana cochinilla —un parásito importado del altiplano o de la zona de Oaxaca, que ataca al nopal— y para el azul, el añil —que se obtiene de las plantas pertenecientes a la familia *indigofera*.

La falta de géneros y prendas antiguas se ha complementado con el estudio de la indumentaria en la cerámica, la pintura y la escultura, y con la observación de las comunidades mayas actuales, que han preservado los usos ancestrales. Son muy frecuentes los motivos con base en cuadrados, en los que se insertan otras figuras, como flores o imágenes de animales, y esto se puede observar tanto en prendas contemporáneas, como en muchas representaciones antiguas —por ejemplo en dinteles de Yaxchilán. Parece probable se hayan usado diseños similares desde el Preclásico, aunque la mayor parte de la evidencia corresponde al Clásico y al Posclásico.

En la iconografía maya, las imágenes más abundantes son las de miembros de la elite y las de dioses, y ambos grupos llevan atuendos muy complejos. Incluso, en algunos casos se adornan con piel de jaguar como poderosa muestra de jerarquía reservada a muy pocos, ya que ese animal era sagrado. En contraste, la presencia de personas de otros estratos sociales es muy escasa, y los pocos ejemplos demuestran el uso de pocas prendas sencillas. Así, es posible concluir que el atuendo tuvo un uso simbólico y manifestaba poder, idea que se confirma con las múltiples imágenes de prisioneros en estelas y murales, que normalmente aparecen despojados de casi todas sus ropas —es muy raro encontrar desnudez completa, pues se consideraba un acto indigno.

En realidad, los cautivos suelen llevar sólo un taparrabos —*ex*, en maya yucateco—: la prenda masculina básica para todos los grupos sociales. Consiste en un lienzo rectangular que cubre los genitales y se ata en la cintura; fray Diego de Landa lo describe como *"un listón de una*

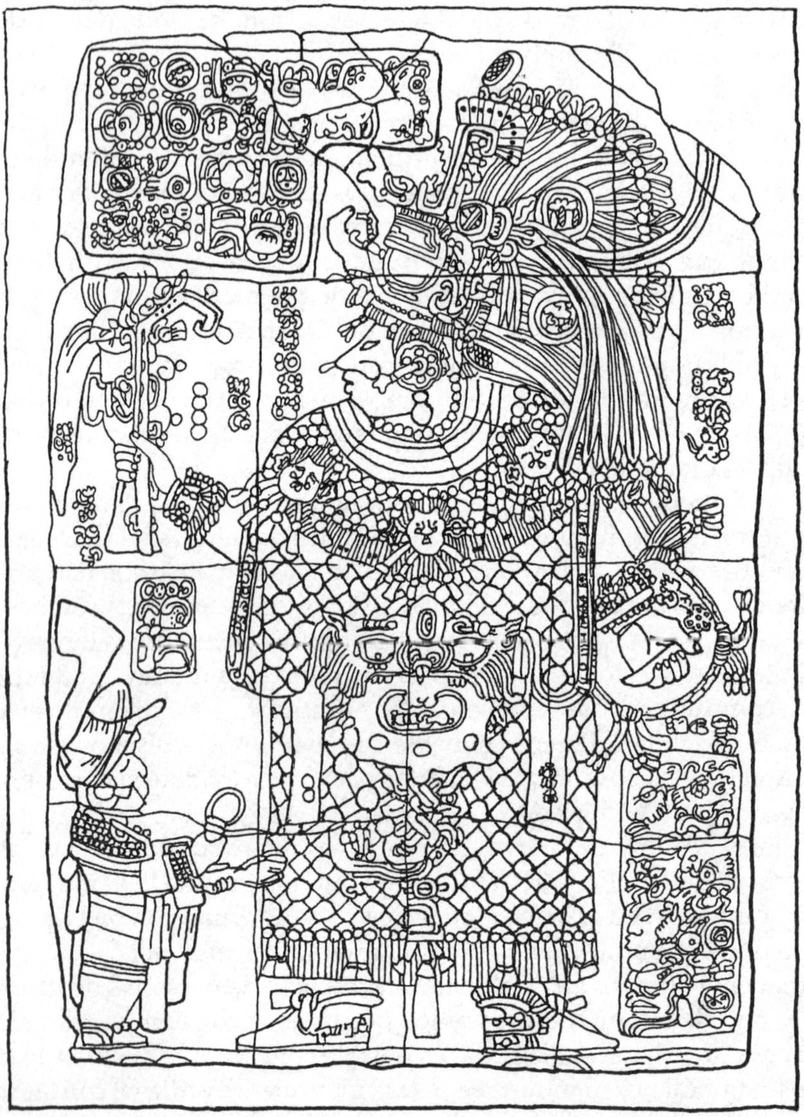

En esta estela de Calakmul, Campeche, se retrató a la esposa de uno de los gobernantes de esa ciudad; destaca lo ostentoso de su atuendo, ya que en términos generales las mujeres usaban vestidos más sencillos que los hombres. En el diseño de la tela se aprecia la esquematización de los cinco rumbos del universo y la piedra de la vida.

mano de ancho, que les servía de bragas y calzas y que se daban con él algunas vueltas por la cintura, de modo que uno de los cabos colgaba por delante y el otro por detrás". Cabe resaltar que en la mayoría de las representaciones del periodo Clásico, las puntas del taparrabos suelen estar adornadas y llegan a colgar hasta las rodillas.

En ocasiones, sobre el taparrabos se colocaba un "enredo", tela cuadrada o rectangular, frecuentemente doblada en forma de triángulo, que se sujetaba como una especie de "delantal", ya fuera hacia delante o atrás. También es habitual encontrar faldillas que se llegaban a aderezar con piezas de jade, tal como se ve en la lápida de Palenque, en relieves de Comalcalco, dinteles de Piedras Negras y figurillas de Jaina, entre muchas otras expresiones artísticas.

Adicionalmente, diversos personajes llevan capas de diferentes largos —*pati*, en maya yucateco— que consistían en lienzos cuadrados o rectangulares que se ataban al cuello, tal como se observa los murales de Bonampak. Otras prendas masculinas eran las propias del Juego de Pelota: protectores para manos, rodillas, cabeza, piernas, antebrazos y cadera. También se encuentran atavíos exclusivos de los guerreros; por ejemplo, prendas de piel de jaguar que cubrían el pecho.

Para el periodo Posclásico, la vestimenta pierde parte de su aderezo y adquiere un carácter más sobrio. Desde luego, la representación más frecuente es la de militares, pero también se encuentran sacerdotes con capas suntuosas o que lucen faldas largas, rectas y decoradas.

Como en toda Mesoamérica, en términos generales el atuendo de las mujeres fue mucho más sencillo que el de los hombres, aunque también llegaba a presentar un gran refinamiento, sobre todo en los diseños de las telas, como se puede ver en los relieves de Yaxchilán. La pieza femenina fundamental fue el enredo, tela que cubre desde la cintura hasta la mitad de la pierna, dejando el busto descubierto, aunque llegan a verse algunos de cuerpo entero. También son muy abundantes los huipiles—o "hipiles", como se les llama en algunas regiones—, túnicas holgadas y sin mangas, que se hacen con dos o más lienzos añadidos y que pueden llegar a la rodilla o a los tobillos. Por otra parte, en ocasiones, el pecho se podía cubrir con un *quechquémetl*: dos telas unidas de manera que caigan en forma de pico.

De hecho, la mayoría de estos atuendos femeninos se siguen usando en la actualidad, especialmente los huipiles y, además, se fabrican de la misma manera. Así lo muestra una figurilla de cerámica procedente de Jaina, que se encuentra en el Museo Nacional de Antropología e His-

Esta figurilla de Jaina, Campeche, ilustra el telar de cintura que fue común a toda Mesoamérica y se sigue usando en la actualidad. *Ixchel*, patrona del tejido y el alumbramiento, es también la patrona de las tejedoras de la nobleza.

toria de la ciudad de México. Corresponde al Clásico Tardío y representa una mujer que, sentada en el suelo, trabaja en un telar idéntico a los que todavía se usan en la mayor parte del área mesoamericana. Se trata del "telar de cintura", instrumento sin armazón rígida, que básicamente consiste en barras de madera unidas por las fibras que se tejerán.

Desde tiempos prehispánicos, la fabricación de telas sigue cuatro etapas. La primera es la torsión de las fibras para convertirlas en hilo. Seguramente en un principio esta actividad se realizaba frotando una mano contra la otra, o contra el muslo, pero la evidencia indica que desde etapas bastante tempranas se comenzó a utilizar un huso de madera, de unos 30 cm. de largo, del que cuelga una pieza de barro llamada "malacate". Ya con las fibras preparadas, se procede a la urdimbre, que consiste en colocar los hilos en la posición exacta que se tejerán, entre dos o más varas enterradas en el suelo. Así se obtiene una especie de madeja que se coloca en el telar; uno de los extremos se amarra a un poste o árbol y el otro se ata a la cintura, lo que permite mantener la tensión.

El tercer paso es el tejido o trama, que es la inserción de hilos en sentido contrario a la urdimbre. Los hilos pares e impares se separan por medio del "lizo" (una tira de madera con lazos) y una varilla de paso; así se crea un espacio por el que pasa la bobina. El nuevo hilo se aprieta por medio de unas maderas bastante pesadas, llamadas actualmente "machetes" o "espadas", cuya superficie debe estar perfectamente pulida. La urdimbre y la trama se pueden combinar de diferentes maneras en el telar de cintura y la evidencia arqueológica indica que desde antes de la conquista se podían fabricar desde géneros muy simples, hasta gasas y brocados.

Entre los antiguos mayas, el arte de tejer fue exclusivo de las mujeres, quienes lo aprendieron —según cuentan varias leyendas— de *Ixchel*, señora de la luna y del alumbramiento. Esto significa que ellas colaboraron en gran medida para la prosperidad de sus comunidades, pues las telas fueron importantes elementos para el comercio y el pago de tributos. Además, las piezas arqueológicas confirman el prestigio de los textiles, en una variedad de diseños de impresionante armonía geométrica y simbólica. Es muy grato imaginar los diferentes volúmenes, las texturas y el juego de colores, luces y sombras en los trajes de los gobernantes. También es posible encontrar múltiples coincidencias en los textiles mayas contemporáneos, cuya belleza ha influenciado la pintura de artistas tan destacados como Rufino Tamayo, Vicente Rojo, Francisco Toledo y Juan Soriano.

El arte plumaria

En el atuendo de los miembros de la elite maya, tanto de hombres como de mujeres, ninguna pieza destaca tanto como el tocado, pues suele ser increíblemente complejo. En ocasiones sólo consta de una pluma larga, pero también puede ser elaborado con conjuntos de plumas adheridos a una diadema, o que complementan una especie de turbante. Si bien sólo se ha logrado descifrar el significado de unos cuantos, indiscutiblemente fueron emblemas de soberanía e incluyen múltiples elementos simbólicos —como plumas, pequeñas esculturas y máscaras.

Los mayas, al igual que todos los pueblos mesoamericanos, consideraron a las plumas como un auténtico tesoro —por sus colores. Destaca, desde luego, el uso en tocados, pero también aparecen en lanzas, bastones de mando, capas, borlas, abanicos, sombrillas, doseles... Llaman especialmente la atención las que forran escudos y las que se pueden ver en adornos atados a la espalda de grandes personajes; por ejemplo las "alas" en los murales de Bonampak. Incluso, cuando el obispo Landa describió el taparrabo, agregó: "[los] *cabos los hacían sus mujeres con curiosidad y labores de pluma*".

El trabajo con plumas se llama "arte plumaria" y es increíblemente frágil, lo que supone enormes dificultades para su estudio. En ese sentido, los murales de Bonampak han sido extraordinariamente útiles, pues están tan apegados a la realidad que, por ejemplo, en el tocado del personaje número 8 del cuarto 1 se reconocen, sin lugar a dudas, plumas de pavo ocelado —con manchas redondas en color azul metálico y dorado, bordeadas de negro. De hecho, la bióloga Lourdes Naranjo Ornelas y el amanteca Eliseo Ramírez han logrado identificar en ellos varias aves que proporcionaron la materia prima, como el tordo aliamarillo, la zacua cabecicastaña y la oropéndula, para los tonos amarillos. Por lo que respecta a los verdes, se habrían tomado del precioso quetzal —ave de las tierras altas—, la guacamaya verde y, al menos, dos diferentes especies de loro. Por último, se considera muy probable que las plumas de color rojo procedieran de la tangara y la guacamaya rojas. La evidencia arqueológica muestra, además, que se importaban plumas de pato, gorrión, canario, colibrí y otros.

Por supuesto, la técnica plumaria variaba según el objeto que se pretendiera crear, ya fuera usando una especie de engrudo sobre armazones de madera o mimbre, o entretejiendo y cosiendo en telas. En todos los casos, la labor era sumamente delicada y con un enorme grado de dificultad. Por una parte, las plumas suelen ofrecer diferentes tonalidades aunque provengan de una misma ave —tal como sucede con el cabello humano. Normalmente se usaban cortadas, pero su forma nunca es homogénea: pueden ser más largas, menos anchas o diferir en textura y densidad. Por otra parte, cada una refleja la luz de una manera peculiar y, aunque no sean tornasoladas, reverberan y llegan a distorsionar el color.

A partir del siglo XVI cambió el criterio y las plumas dejaron de ser un símbolo de estatus. Hoy en día los trabajos de plumaria se catalogan como una curiosidad o una antigüedad primorosa y se cotizan a precios exorbitantes en el mercado de arte. No han dejado de fascinarnos sus colores y su juego con la luz, tal vez por eso en años recientes ha habido

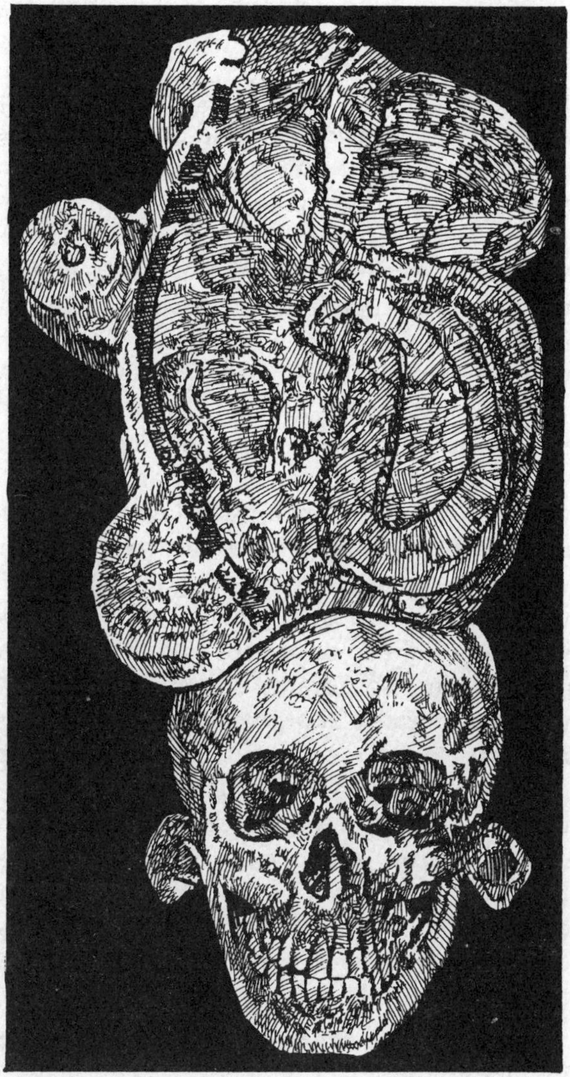

El uso de tocados fue una práctica común en el área mesoamericana, que enfatizaba linaje de quien lo portaba. Este cráneo con tocado, originario de Calakmul, Campeche, se elaboró en el Clásico Tardío y muestra que la jerarquía no se perdía con la muerte física.

exposiciones y coloquios sobre el tema y, sólo en México, hay una gran cantidad de artesanos que están recuperando esta intrincada forma de expresión.

La joyería

En la figura central de la lápida de Palenque, como en casi todas las imágenes de gobernantes y miembros de la elite, se pueden ver adornos de piedra y maravillosas esculturas en miniatura que acompañan a los textiles y las plumas. Estos objetos son muy similares a las piezas de jade que se han encontrado junto o sobre los cadáveres de grandes personajes, extraordinariamente trabajados en mosaico, relieve o bulto redondo. Representan figuras animales y humanas, tanto de frente como de perfil; muestran motivos florales y geométricos, o son lisas, pero su pulido tiene un brillo excepcional.

En la joyería maya, el jade es con mucho el material más abundante y más preciado; sobre todo por su color verde, que hace referencia al este, la tierra y la energía. Sin embargo, no fue el único; la pirita se utilizó con frecuencia (sobre todo en la representación de ojos, lo que contribuye a darles realismo) y se fabricaron piezas completas de concha (cuentas, adornos para cinturones u orejeras y, sobre todo, mosaicos, como la máscara miniatura que se encontró en Ocozocuautla, Chiapas). También destaca el uso de huesos humanos o de jaguares, pecaríes y otros animales, pues se labraron con una delicadeza extraordinaria. Por último, en las piezas elaboradas durante el Posclásico se suelen encontrar turquesas, seguramente por influencia del altiplano central.

El vocablo "jade" proviene de la antigua creencia de que las piedras de color verde servían para aliviar enfermedades del riñón y por eso las llamaron "piedra de la ijada" (la ijada es el espacio entre las costillas falsas y el hueso de la cadera). Con el tiempo, el término se simplificó en "jade" que actualmente sirve para designar tanto a la jadeita, que únicamente se encuentra en Mesoamérica, como a la nefrita, que procede sobre todo de Asia. Ocasionalmente también se aplica a otras piedras como el cristopacio, la albita y la serpentina, cuyo color puede ser parecido.

Tanto la jadeita como la nefrita son sumamente duras y se parecen mucho, pero la primera es más rígida, menos traslúcida y tiende a presentar un aspecto más moteado. Si bien su composición química es diferente, en estado puro ambas piedras son blancas, y los cambios de color dependen de la intrusión de elementos ajenos. Las tonalidades más frecuentes son las verdes, que se deben al hierro, al cromo o al cobre. Es importante aclarar que al hablar de arte mesoamericano se utilizan indistintamente las palabras jade y jadeita.

Los mayas lograron una gran delicadeza en la talla de huesos, como evidencia esta pieza procedente de Calackmul, Campeche, donde se aprecia un gobernante portando un gran tocado. Los artistas aprovechaban las formas naturales para lograr figuras que se ceñían a la superficie, sin que importara que se forzaran las posturas. Las piezas de este material se utilizaron especialmente como símbolos de poder.

A lo largo de toda la zona maya se han encontrado miles de piezas de jadeita, la mayoría corresponde al horizonte Clásico, aunque también las hay del Preclásico y del Posclásico. Normalmente son objetos rituales —como las piedras que se colocaban en la boca de los muertos, para permitir simbólicamente a la materia sutil salir del cuerpo inerte—, o de joyería —adornos para la ropa, los dientes, la nariz, la boca o el pelo; además de orejeras, cinturones, brazaletes, tobilleras, pectorales, máscaras en miniatura o de tamaño natural, y collares, como el que se encontró en la Tumba VIII-27 de Copán, que corresponde al Preclásico medio e incluye adornos de diferentes formas, ensamblados armónicamente.

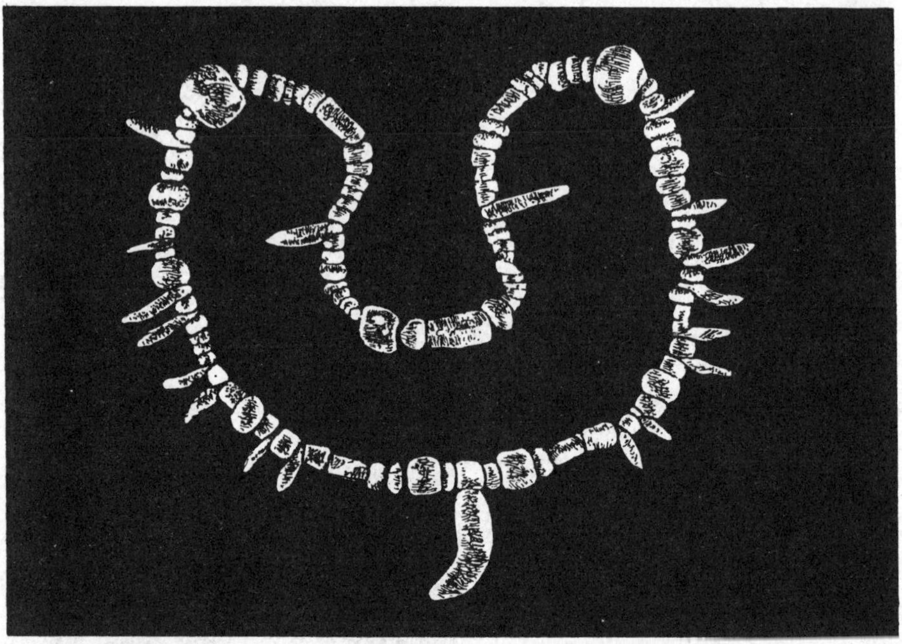

Este collar se encontró en el grupo Las Sepulturas de Copán, Honduras, junto con otros 300 objetos de jadeíta y es muestra de que ese material fue fundamental para el área maya. Incluso se han encontrado objetos mayas de piedra verde en el altiplano central y Sudamérica.

Las piezas más antiguas halladas hasta hoy corresponden a Cuello (Belice): unas cuentas redondas, sin decoración, que se han fechado entre el 1200 y el 900 a.C. En contraste, el de mayor tamaño es una cabeza del dios solar, que pesa casi cinco kilos, y procede de Altún Ha (Belice).

La cantidad y calidad de los vestigios prueba, sin lugar a dudas, que el jade ocupó un lugar importantísimo para las culturas mesoamericanas y que fue uno de los tesoros más preciados; de hecho, la mayoría de los especialistas coincide en que simbolizó vida, fertilidad y poder. Evidentemente, esto es válido para los mayas, que incluso grabaron datos escritos en muchas piezas, como el nombre y títulos del dueño, fechas y referencias históricas. Todavía más, con base en el análisis de diversas representaciones, se ha calculado, que los gobernantes llegaban a portar entre 8 y 10 kilos de adornos de jade, especialmente el día de su entronización, cuando recibían varios objetos simbólicos de ese material.

Sin embargo, los españoles preferían el oro y la plata y las piedras verdes quedaron relegadas. Afortunadamente, a raíz del testimonio de viajeros del siglo XIX, destacadamente el barón Von Humboldt, se despertó un nuevo interés por las bellas joyas prehispánicas. Durante muchos años se realizaron esfuerzos por localizar yacimientos y, ante la falta de éxito, se llegó a plantear la posibilidad de que el jade se hubiera agotado. Esta idea se desechó en 1952, cuando se encontró una veta de gran extensión en la parte guatemalteca del valle del río Motagua. La exploración ha continuado y se han hecho nuevos hallazgos; por ejemplo, en 1987 se descubrió una veta de la variedad azul-verde que preferían los olmecas. Al parecer ésta es la única región del mundo donde se encuentra la jadeita, pues los exámenes geológicos que se han practicado en una gran cantidad de piezas prehispánicas han resultado consistentes con sus muestras.

En prácticamente todas las ciudades mayas se cultivó la lapidaria, el arte de labrar piedras preciosas; sin embargo, hasta hace muy poco no había datos sobre el tráfico del jade en tiempos prehispánicos. Se buscó en las urbes cercanas a los yacimientos, como *Kaminaljuyú* y *Copán*; pero nada en ellas indicaba que hubieran controlado el comercio o el acceso. Ha resultado más fructífera la exploración de Cancuén Guatemala, un sitio que antes se consideraba poco importante por su falta de templos. En el año 2000 se reportó en ella el descubrimiento de uno de los mayores palacios conocidos hasta hoy, y cerca de él se han encontrado múltiples talleres que contenían herramientas, piezas a medio tallar y grandes cantidades de jade, pirita y obsidiana; además de restos humanos que no pertenecieron a miembros de la nobleza, pero que tenían incrustaciones de jade en los dientes. Estas son evidencias de la enorme riqueza de la ciudad, y si se agrega su ubicación estratégica en la zona navegable del río de la Pasión, precisamente en el límite entre las Tierras Altas y las Bajas, parece claro que su papel en el comercio del jade fuera preponderante.

Gracias a estos y otros hallazgos, hoy tenemos una idea bastante precisa de la antigua técnica lapidaria maya. Para el corte, se frotaba con cuerdas y trozos planos de madera compacta o de pizarra, que se impregnaban con algún abrasivo, como arena o polvo de piedras duras, especialmente jade y obsidiana. El rayado se llevaba a cabo con piezas de obsidiana terminadas en punta y se profundizaba con palitos, también impregnados con abrasivos. Para agujerar se utilizaban barrenos huecos hechos con cañas y huesos de aves, rellenos con abrasivo húmedo. Queda claro que se perforaba primero por un lado y luego el otro, pues una característica de las piezas antiguas es que tienen entradas en forma de embudo. Por último, el extraordinario brillo se lograba por frotación con polvo de jade y, tal vez, también de obsidiana.

Se ha comprobado que desde tiempos muy remotos se utilizó la técnica del mosaico, sobre todo en máscaras. Probablemente las más conocidas sean una que procede de Tikal y la del Señor de Palenque, que exhibe el Museo Nacional de Antropología e Historia de la Ciudad de México, pero todas son obras maestras. Para su elaboración, cada una de las piezas se cortaba de manera que embonara perfectamente con las otras, se pulía hasta darle alto brillo y se pegaba sobre una base de madera o estuco. Durante el Posclásico esta técnica también se aplicó en discos, como los que se encontraron en el Castillo y el Templo del *Chac Mool*, en Chichén Itzá.

Aunque hoy en día resulta prácticamente imposible imaginar joyas sin oro o plata, debe recordarse que de las sociedades mayas encontraron pocas funciones para los metales y su tecnología se basaba sobre todo en el uso de la obsidiana. De hecho sólo se ha encontrado una pieza metálica que corresponda al periodo Clásico: unas pequeñas piernas fabricadas en tumbaga —seguramente la porción inferior de una escultura— que probablemente procede de Copán, aunque pueden corresponder a Costa Rica o Panamá.

Sin embargo, para el Posclásico, aparecen objetos rituales y joyería fabricados en oro, tumbaga, cobre y cobre dorado. Cuando Bernal Díaz del Castillo relató el descubrimiento de Yucatán, en su Verdadera Historia de la Conquista de la Nueva España, escribió: *"Tenían unas arquillas chicas de madera y en ellas otros ídolos, y otros y unas patenillas de medio oro y lo más cobre, y unos pinjantes y tres diademas y otras piecezuelas de pescadillos y ánades de la tierra, todo de oro bajo"*. Al parecer, los objetos se importaban semiterminados de Oaxaca, el altiplano y algunas regiones de Centro y Sudamérica, y existen evidencias de que los mayas trabajaron sobre ellos y llegaron a dominar algunas técnicas metalúrgicas, como el repujado, el troquelado y el martillado. La mayoría de las piezas que han llegado a nuestros días proceden del Cenote Sagrado de Chichén Itzá: tubos de lámina de oro enrollada, que seguramente sirvieron para cubrir mangos de abanicos y otros objetos; también orejeras, anillos, recipientes para beber, máscaras, figurillas humanas y de animales, y cascabeles en diversas formas, desde los más sencillos, hasta los zoomorfos y antropomorfos. Seguramente los más destacados son unos discos de

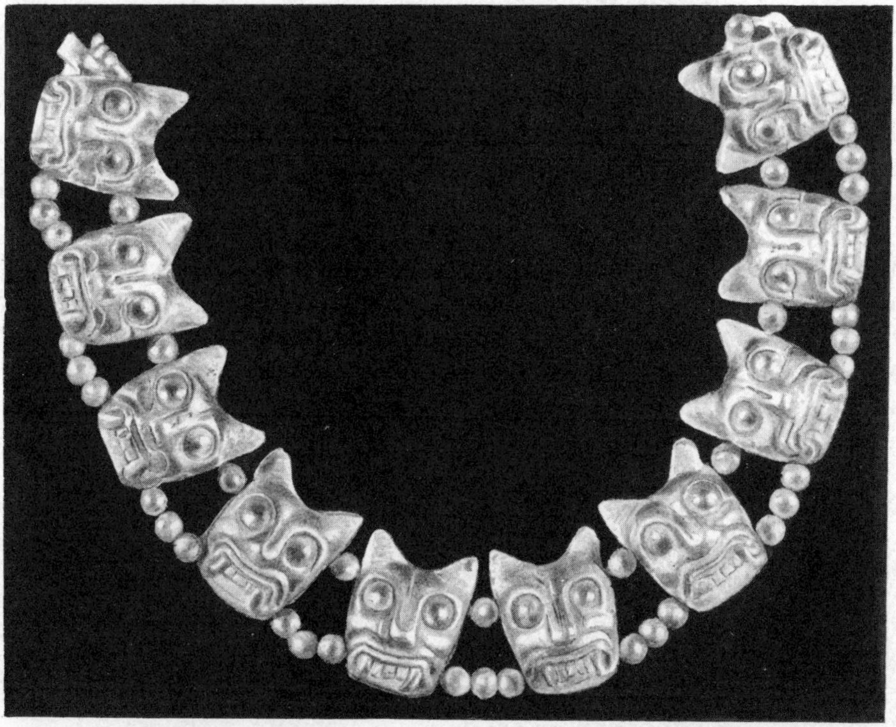

Los trabajos de joyería en metal son característicos del Posclásico: este collar con cabezas de jaguar intercaladas con cuentas redondas, corresponde a la tumba del Señor *Iximché*, de Chimaltenango, Guatemala, y hace juego con una diadema y un bastón de mando, también en oro.

oro repujado que representan escenas de sacrificios humanos, o batallas en las que los toltecas aparecen como vencedores.

Por supuesto, también se han descubierto objetos metálicos en otros sitios importantes del periodo. Por mencionar sólo un ejemplo, en la Tumba 27-A de Chimaltenango, Guatemala, se encontraron varias piezas de oro, entre ellas un disco, una diadema y un collar con cuentas redondas y pequeñas cabezas de jaguar. Así, se ratifica la idea de que los mayas fueron buenos orfebres y tuvieron al menos cierto control sobre la explotación y comercio de metales.

Hoy en día

Muchas formas de arte que los antiguos mayas llevaron al nivel de perfección han desaparecido: ya no se usan adornos de pluma y, si bien se sigue trabajando el jade, en reproducciones de piezas arqueológicas y nuevos diseños de joyería, en su fabricación se utilizan sofisticados métodos modernos, como las ruedas de carborundo. Para nuestra fortuna, el arte de hilar, tejer y bordar se ha preservado, pues así tenemos un claro ejemplo del extraordinario patrimonio mesoamericano. Basta concurrir a un mercado del área para llegar a la conclusión de que, con sus sencillos telares de cintura, sus hilos de colores y su extraordinaria sensibilidad artística, las mujeres continúan urdiendo la trama del esplendor maya.

8

Sonidos, movimiento y palabra: música y literatura

"Declina el sol en las faldas del cielo al poniente; [suenan] el tunkul, el caracol y el zacatán y se sopla la cantadora jícara. Se seleccionan todos, han venido. Después saltando van para llegarse ante el popol ná [donde está] el Ahau Can. Allí también están el Holpoop y los Chaques, así como el Señor Ah Ku-lel y sus ayudantes. Han llegado los músicos-cantantes, los farsantes, bailarines, contorsionistas, saltarines y los corcovados y los espectadores."

Este texto, el Cantar número 12, de *El libro de los cantares de Dzitbalché*, describe los preparativos para la ceremonia de recibimiento del año nuevo y es tan elocuente, que casi palpamos la expectación de los asistentes. De hecho, nos hace sentir que podemos tocar lo auténticamente maya: aquello que vibra en las palabras, los movimientos y los sonidos. Sucede que la música y la literatura, como ninguna otra forma de arte, tienen la capacidad de expresar la esencia más profunda de un pueblo.

Los textos del siglo XVI concuerdan en que la música fue excepcionalmente importante para los pueblos mesoamericanos. Acompañó prácticamente todas las actividades humanas y fue un elemento indispensable para los ritos, pues permitía el vínculo entre hombres y dioses. No obstante, esta forma de arte es, por su naturaleza, temporal: se desvanece una vez que ha dejado de vibrar. Para preservarla se necesita anotar la duración y tono de cada uno de los sonidos, además del ritmo y el tiempo con que deben sonar. Por tanto, el estudio de la música ancestral —incluso la europea— presenta enormes dificultades. La investigación se debe basar en los documentos antiguos disponibles, hallazgos arqueológicos y el estudio de las prácticas musicales de comunidades contemporáneas de la misma región.

Aunque se ha especulado con la posibilidad de que los antiguos mayas hubieran ideado una forma de anotar música, la realidad es que no hay certeza al respecto. Por otra parte, los escritos inmediatamente posteriores a la conquista no discuten la estructura musical; tan sólo comentan detalles externos, como la apariencia de los instrumentos y los aspectos rituales. No obstante, es posible asegurar que la música maya fue muy distinta de la europea, pues se originó a partir de una cosmovisión y una tradición completamente diferentes. De modo que incluso si se lograra recuperar las melodías, se nos dificultaría entender su forma, afinación, ritmo, etc.

Afortunadamente, hoy estamos un poco más cerca de rescatar algunos sonidos ancestrales mayas, pues varios investigadores se han orientado al análisis de instrumentos antiguos, tanto en su significado cultural, como en sus mecanismos sonoros. Para lograrlo están utilizando, entre otros, recursos como rayos X, estroboscopios, analizadores de espectro, medidores de frecuencia y sofisticados programas de computación. Así, se ha descubierto que la arcilla permite la producción de una gran diversidad de sonidos y que algunos instrumentos de ese material son increíblemente complejos. También se comienza a intentar la recreación de trompetas y tambores, con base en el estudio minucioso de las representaciones en cerámica y pintura.

Por otra parte, la evidencia arqueológica muestra que la música tuvo una enorme importancia social; incluso, la acústica de casi todas las plazas mayas es extraordinariamente adecuada para la interpretación. Queda claro que se usaron instrumentos musicales para convocar al pueblo, durante las batallas y en una cantidad de ceremonias; pero, si tomamos en cuenta la musicalidad de los mayas actuales, podemos suponer que sirvió para muchas otras actividades, como el esparcimiento, la curación y otras.

A pesar de que hay pocos datos, es muy posible que así sucediera desde antes del Preclásico, pues se han encontrado instrumentos muy antiguos, como una flauta de cuerpo abombado, fechada entre el 500 y 600 a.C, con la que todavía se pueden tocar cinco notas que coinciden con las primeras de la escala europea (lo que de ningún modo indica que se haya usado esa escala). Además, resulta elocuente que el libro maya sobre el origen del mundo, el *Popol Vuh*, afirme que los gemelos divinos derrotaron la los señores de Xibalbá por medio de la danza;

La música, la poesía y la danza son fundamentales a todos los grupos humanos; hasta el momento parece imposible recuperar aquellas melodías y pasos de los antiguos mayas, pero otras manifestaciones artísticas, destacadamente en los murales de Bonampak, Chiapas, estos músicos con trompetas dejan claro que esta civilización fue profundamente musical.

también que sus hermanos mayores, *"sabios flautistas y cantores"*, fueran convertidos en monos, pues en Mesoamérica es frecuente que se identifique a esos animales con las deidades protectoras de la música, posiblemente porque los sonidos que emiten alcanzan tonos muy agudos.

La evidencia para el Clásico es un poco más pródiga y en ella sobresalen los murales de Bonampak, donde varios músicos y sus instrumentos fueron representados con minuciosidad. Ahí están las largas trompetas, que debieron ser muy ligeras, ya que no presentan soportes, y un tambor vertical de forma cilíndrica que se golpeaba con las manos —el *pax*, fabricado a partir de un tronco hueco y seguramente cubierto con piel de venado. Además, se pueden ver algunos caparazones de tortuga —*boxel ac*—, que se golpeaban con cuernos de venado; varios *zoots* simples y dobles —que hoy llamaríamos maracas o sonajas—, y un silbato en forma de globo.

En la cerámica de este periodo también abundan las imágenes alusivas a esta forma de arte, como músicos, que en muchas ocasiones tienen el cráneo deformado, lo que lleva a pensar que formaban parte de la elite y, junto a ellos, cantantes y bailarines, con trajes muy complejos, frecuentemente relacionados con animales. Entre otros instrumentos, se encuentran una gran variedad de membranófonos, como tambores, de piso y de mano; aerófonos, una verdadera multitud de flautas y trompetas, y el *hub*, un caracol marino que produce un sonido tan profundo, que casi es mágico; por último, una gran variedad de idiófonos, entre los que destacan el *tunkul*, tambor hendido con dos lengüetas, similar al *teponaztli* mexica, y sonajas sencillas o sumamente adornadas.

La evidencia del Posclásico es, naturalmente, la más cuantiosa. Ya se había comentado la existencia de cascabeles metálicos, pero también los hay de otros materiales, y han llegado a nosotros bastantes instrumentos de arcilla, entre los que destacan los silbatos. Si bien su estudio es difícil, pues han sido presas del saqueo y se desconoce la procedencia de la mayoría, se puede afirmar que todos son notables y, entre ellos, destacan los de Jaina, por su manufactura y hermosas formas humanas y de animales. Resulta desafortunado que, si bien no existen dudas sobre la existencia de otros instrumentos, como tambores y trompetas, al parecer ninguno sobrevivió, seguramente porque se hicieron con materiales perecederos, como carrizo, madera, etc.

Por supuesto, la pintura mural de este periodo también deja en claro la importancia de la música. Destaca la de Santa Rita Corozal, Belice, donde se representó al dios del comercio, *Ek chua*, tocando un tambor vertical con la mano derecha, mientras sacude una sonaja con la izquierda. Sucede lo mismo con los códices; por ejemplo, en una lámina del Dresde aparecen cuatro personajes disfrazados de animales, que hacen música con sonajas, tambores y caparazones de tortuga; y en el Madrid, se pueden ver tambores de mano, algunos con forma de bulbo.

Los testimonios de observadores españoles, si bien parcos, son elocuentes. Fray Diego de Landa, por ejemplo, discute el uso de música en muchas ceremonias y enumera varios instrumentos vigentes en el siglo XVI, que coinciden con los representados en la pintura y con los hallazgos arqueológicos: "*Tienen atabales [tambores] pequeños que tañen con la mano, y otro atabal de palo hueco, de sonido pesado y triste, que tañen con un palo larguillo* [...] *trompetas largas y delgadas* [...]; *otro instrumento [que hacen] de la tortuga entera con sus conchas,* [...] *Tienen silbatos hechos con las cañas de los huesos de venado y caracoles grandes, y flautas de cañas* [...]".

Por otra parte, el franciscano Diego López de Cogolludo, quien llegó a Yucatán en 1634, escribió en su *Historia de Yucatán*: "*Tenían un dios del canto al que llamaban Xochitum, adoraban al ídolo de un indio, que decían fue gran cantor y músico, llamado Ah Kinxoc y a éste adoraban por dios de la poesía y le llamaban Pislintec*". Esto nos permite valorar el aspecto religioso de la música y, sobre todo, deja en claro la profunda unión que tuvieron los sonidos y las palabras en la cosmovisión prehispánica

Otras crónicas también abordan el tema y mencionan que entre los mayas se acostumbraban funciones teatrales "*muy donosas*", que gustaban a los españoles. Sin embargo fueron consideradas "*idolátricas*" y se prohibió representarlas. En apariencia se obedeció la orden, pero los mayas del siglo XVI se caracterizaron por su resistencia cultural, de modo que simplemente las pasaron a la clandestinidad, junto con sus relatos y leyendas. Así, muchas tradiciones se pudieron preservar por transmisión oral y en pocos casos por escrito, aunque indudablemente fueron incorporando elementos europeos.

Además del *Popol Vuh* y los *Libros del Chilam Balam,* se han ido recuperando otros pliegos, como los *Documentos de tierras de Sotuta* y el *Ritual de los Bacabes,* pero ninguno destaca como los Cantares de Dzitbalché, a los que se suele considerar la mejor —si no la única— muestra de literatura maya propiamente dicha. Proviene del poblado campechano del mismo nombre, pero fue descubierto en Mérida, en 1942, y en su portada explica que se trata de "*El libro de las Danzas de los Hombres Antiguos, que era costumbre hacer acá en los pueblos cuando aún no llegaban los blancos*".

Este texto ofrece datos sobre costumbres; por ejemplo, en el Cantar 12 —con el que inicia este capítulo—, se habla del *Holpop,* personaje que fungía como maestro de ceremonias, guardián de los instrumentos, cantor principal y encargado de la enseñanza musical. También se menciona el *Popol Na,* la casa de la comunidad, cuya ubicación se ha logrado identificar en varios sitios arqueológicos: una especie de sede municipal, donde se discutían asuntos públicos y se aprendían los cantos y las danzas. Sin embargo, lo más interesante de los *Cantares* es que ofrecen un excelente ejemplo de las letras que se cantaban.

Todo indica que en la antigüedad, música, poesía y baile estaban profundamente unidos en el teatro. Afortunadamente, pese a los siglos, la ruptura cultural, las prohibiciones y la "modernidad", esta tradición sigue viva. La muestra más clara está en los altos de Guatemala, donde hace por lo menos quinientos años se representa un drama danzado, el *Rabinal Achí*, o *Danza del Tun*, que rememora la victoria de *Rabinal* sobre *Cawec*. Además, muchas comunidades han formado grupos que se dedican a la representación de temas patrimoniales, con actores o con títeres, y se han organizado varios Encuentros de Teatro Maya. En Chiapas, actores recuerdan la historia antigua durante el carnaval, en el *K'in tajimoltik*, o festival de juegos. Por último, en una gran cantidad de comunidades mayas existe una Casa del Escritor.

La música y la literatura son expresiones humanas que suelen depender de la escritura para sobrevivir. No obstante, en la zona maya se ingeniaron para mantenerse vigentes con la tradición oral. Se siguen contando y representando muchas leyendas que hablan de seres mitológicos o animales fantásticos y cada vez hay más escritores que hacen poesía en su lengua materna. Si bien lo más probable es que no lleguemos a saber cómo sonaba aquella música y recién comenzamos a comprender unos cuantos de sus sonidos, ya los aprovechan compositores contemporáneos. Además, una parte se mezcló con la que llegó de Europa para dar lugar a nuevas armonías, como la jarana.

El esplendor maya vibra en los acordes de su lengua, que sigue viva y durante más de tres milenios ha servido para cantar.

Glosario

Abocinado Dispuesto oblicuamente con relación al muro, con forma de bocina.

Abrasivo Sustancia dura que es capaz de desgastar o pulir otra por frotación.

Acrópolis Recinto donde se emplazaban edificios importantes, como templos y palacios.

Adobe Masa de barro secada al aire.

Aerófonos Instrumentos musicales que producen sonidos por la vibración de una columna de aire en su interior.

Alfarda Cada uno de los elementos que forman la inclinación de la armadura de una cubierta.

Altar Pieza monolítica que servía para depositar ofrendas o realizar sacrificios. Los ejemplares más antiguos son redondos; a partir del Clásico Tardío, también cuadrados y rectangulares.

Altorrelieve Aquel en el que las figuras salen del plano más de la mitad de su bulto.

Anillado Que tiene uno o varios anillos.

Arcilla Tierra finamente dividida, formada a partir de depósitos de grano muy fino, compuesta esencialmente por silicatos de aluminio hidratados.

Arquitrabe Parte inferior del entablamiento.

Atanor Hornillo que usaron los alquimistas para los primeros trabajos de metalúrgica.

Axis mundi El eje del mundo. Punto de unión entre los tres niveles del cosmos.

Bajareque Entramado de palos entretejido con cañas y barro.

Bajorrelieve En el que los motivos sobresalen poco del fondo.

Basalto Roca volcánica, de color negro o gris oscuro, de grano fino, muy dura y compuesta principalmente de feldespato y piroxena.

Basamento Base. Parte inferior de una construcción.

Bóveda Cubierta arqueada que cubre un espacio.

Bóveda de piedra salediza (arco maya) Bóveda triangular, en la que las piedras sobresalen por hileras del muro en el que se apoyan; equivocadamente, se le suele llamar arco maya.

Calado Perforaciones que permiten el paso de la luz.

Caliza Roca compuesta sobre todo de calcita.

Capitel Parte superior de una columna, pilar, pilastra, etc.

Ceiba Árbol sagrado que conecta los tres niveles del cosmos.

Celosía Cerramiento calado.

Chultún Depósito artificial de agua y, ocasionalmente, de semilla; es subterráneo y su forma es similar a una olla.

Cinabrio Mineral rojo y pesado del que se extrae el mercurio

Coa Un palo o bastón plantador de punta aguzada, con el que se agujera el suelo para depositar la semilla.

Cochura Cocción.

Códice Libros manuscritos sobre tiras de papel amate que se doblaban en forma de acordeón y se protegían con tapas de madera o piel de venado.

Columna Elemento de apoyo o adorno que sirve de soporte, cuya altura suele ser mayor que el diámetro. Se compone de basa, fuste y capitel.

Columnata Grupo de columnas geométricamente dispuestas, que sostienen o adornan un edificio.

Cornisa Parte saliente del entablamento o del muro.

Cosmogonía Relato mítico relativo a los orígenes del mundo.

Cosmografía Descripción astronómica del mundo o astronomía descriptiva.

Cosmología Parte de la astronomía que trata de las leyes generales del origen y evolución del universo.

Cosmovisión Modo de ver e interpretar el mundo.

Crestería Fachada que se colocaba en la parte alta de los edificios.

Crujía Cada una de las partes principales en que se divide la planta de un edificio / espacio entre dos muros de carga.

Cuadrángulo Patio de forma cuadrangular rodeado por edificios horizontales.

Cuenca Región avenidada por un río y sus afluentes / depresión topográfica natural.

Decantación Resultado de inclinar una vasija sobre otra / hacer que las impurezas se acumulen en el fondo de un recipiente para limpiar el líquido.

Dintel Elemento horizontal sobre un vano.

Dualidad Existencia de dos caracteres o fenómenos en una misma persona o en un mismo estado de cosas.

Empotrado Asegurado en la pared.

Enlucido Revestimiento con que se cubre un muro para que presente una superficie unida y tersa.

Entalle Grabar o cincelar de modo que el diseño se hunda por debajo de la superficie de piedras, cerámica, etc.

Epigrafía Estudio de inscripciones sobre materiales duros, como piedra, metal o madera.

Escorzo Representación de una figura, especialmente humana, en la que una parte está vuelta o presenta un giro respecto al resto.

Escultura exenta o de bulto redondo Estatua, pieza labrada por todas sus caras que logra la representación de una figura completa.

Esgrafiado Técnica para producir un efecto decorativo, que deja al descubierto el fondo por medio del raspado.

Estela Monolito conmemorativo que se colocaba sobre el suelo en posición vertical; puede ser labrado, pintado o liso.

Estuco Enlucido de yeso fino y cal cocida.

Friso Parte central del entablamento, entre el arquitrabe y la cornisa.

Galería Corredor con pared sólo por un lado.

Glifos Signos de escritura simbólica o figurada, que combinados expresan ideas, palabras, nombres, sonidos y fechas.

Hendido Sumido o rajado.

Henequén Planta de hojas largas, angostas y rígidas con espinas pequeñas en los bordes, de la que se obtiene una fibra textil.

Híbrido Que incluye características y elementos de distintas naturalezas.

Hipóstilo Con columnas.

Iconografía Estudio, identificación e interpretación de las piezas artísticas en tanto sus características simbólicas, contexto histórico, etc.

Idiófonos Instrumentos musicales en los cuales la totalidad de los mismos produce el sonido.

Inframundo Parte del cosmos donde viven dioses y descansan los muertos; está formado por nueve estratos y colocado por debajo del espacio humano.

Juego de pelota Espacio abierto, limitado por dos plataformas laterales con inclinación variable, en el que se practicaba un juego ceremonial.

Laja Piedra grande, lisa y plana.

Lapidaria Arte de labrar piedras preciosas.

Mampostería Piedras unidas con argamasa o mortero.

Mascarón Cara deforme o fantástica que se usa como adorno arquitectónico.

Maya Conjunto de grupos de Belice, Guatemala, Honduras, El Salvador y México, que compartieron rasgos culturales y cuyos lenguajes pertenecen a la familia lingüística mayense. Se puede comparar a los países europeos que hablan lenguas romances.

Membranófonos Instrumentos musicales en los que se hace vibrar una membrana tensa.

Moldura Parte saliente de perfil uniforme, que sirve para adornar o reforzar obras de arquitectura.

Monolítico Que está hecho con una sola piedra.

Mortero Mezcla que da trabazón a la albañilería; requiere de un aglomerante, como la cal.

Observatorio Torre de planta cuadrangular o circular con una escalera interior/ conjuntos de edificios en los que se marcan fenómenos astrales.

Obsidiana Mineral volcánico vítreo, de color negro o verde muy oscuro.

Palacio Construcción horizontal compuesta por varios aposentos.

Paleografía Desciframiento de las escrituras antiguas.

Paramento Cualquiera de las dos caras de una pared, de un muro o de un sillar labrado.

Patio Espacio descubierto limitado por paredes o galerías

Petroglifo Piedra grabada con diseños simbólicos.

Piedra pómez Piedra volcánica, esponjosa, frágil, de color agrisado y textura fibrosa.

Pilar Soporte vertical que no es necesariamente cilíndrico.

Pilastra Pilar adosado a un muro.

Plataforma Espacio horizontal descubierto y elevado sobre el suelo.

Plaza Espacio abierto y amplio dentro de una población.

Policromía Que presenta diversos colores; el término se aplica especialmente a piezas de escultura y cerámica.

Pórtico Espacio cubierto que sirve de acceso.

Rampa Plano inclinado.

Relieve Figura levantada sobre una superficie lisa, de la que forma cuerpo la parte esculpida.

Sacbé/sacbeob Camino, o camino blanco, que une edificios en un espacio urbano o una ciudad con otra; frecuentemente se recubrían con estuco.

Sillar Piedra labrada en forma de paralelepípedos.

Superposición Colocación de una cosa sobre otra.

Supramundo Parte del cosmos donde viven dioses, formado por trece estratos y colocado por encima del espacio humano.

Tablero Panel.

Tablero- talud Sistema constructivo que se basa en un espacio vertical rematado por cornisas y un muro en pendiente

Talud Inclinación del paramento de un muro.

Tambor Pieza de forma cilíndrica; una de las piedras que forman una columna.

Tamborcillo Cilindro pequeño.

Temple Técnica pictórica en la que el pigmento se mezcla con agua y una goma orgánica.

Templo	Edificio religioso, normalmente vertical.
Terra sigillata/ pintura de englobe	Mezcla de arcilla y agua que se usa para pintar un cuerpo cerámico.
Terraplén	Macizo de tierra con que se rellena un hueco, o que se levanta para hacer un camino u otra obra similar.
Toba	Piedra caliza, porosa y ligera, formada por la cal, que llevan en disolución las aguas de ciertos manantiales.
Trama	Conjunto de hilos colocados a lo ancho de un tejido, que se cruzan con los de la urdimbre.
Trapezoidal	En forma de cuadrilátero irregular, con lados y ángulos desiguales.
Traquita	Roca volcánica constituida esencialmente de feldespato alcalino y biotita.
Trilobulado	Formado por tres arcos de circunferencia.
Tumbaga	Aleación de cobre y oro.
Urdimbre	Conjuntos de hilos paralelos a espacios regulares dispuestos en sentido longitudinal en una tela.
Vano	Hueco, espacio entre las partes sólidas de una construcción.
Votivo	Lo que se ofrece por promesa o lo relativo a ello.

Impreso en:
Programas Educativos, S.A. de C.V.
Calz. Chabacano No. 65 Local A
Col. Asturias 06850 - México, D.F.
Julio 2007 Empresa Certificada por el
Instituto Mexicano de Normalización
y Certificación A.C., bajo la Norma
ISO-9002: 1994/NMX-CC-004: 1995
con el Núm. de Registro RSC-048,
y bajo la Norma ISO-14001: 1996/SAA-1998,
con el Núm. de Registro RSAA-003